張哲生

台北拾遺

推薦語

于美人　節目主持人

老故事都是歲月，
對歲月的理解，
幫助我對老者的尊重！

王嘉玲（Sammi 旅繪）　環球旅繪畫家

在外旅行時，我也很喜歡透過一些歷史，了解正在旅行跟畫畫的地方，因為這樣一個地方的景點將不再只是一個景點，而是有故事畫面，留存在腦中。

你如果對老台北的故事有興趣，這本書絕對會讓你喜歡，尤其懷舊歷史再加上呈現當時印象的手繪圖，感覺對於這段過往故事，有了更深刻的感受，這絕對是本值得閱讀的好書，推薦給大家。

李國超　資深藝人

我是多年前從網路上認識了哲生老師，每每他所 po 的內容都深深的讓我這個老台北人感動。哲生老師把許多台北著名的景點的前世今生都很仔細地做出了比對，並且圖文並茂。從中華商場開始細述了台北這些年來許多著名景點的變化，這些紀錄值得大家細細回味。哲生老師在 FB 的粉絲已經超過 30 萬人，我也是其中之一，《台北拾遺》一書肯定是其嘔心瀝血之作，絕對值得大家閱讀與收藏，我慎重地推薦給大家！另外我要說的是：哲生老師台北有您真好！

李建成　台藝大影創所教授／紀錄片導演

因哲生對於懷舊文物的收藏與深入研究，而有

幸與哲生相識，我相當佩服他對此投入大量的時間和心血，並創作《台北拾遺》這本書。書中除了文字描述之外，還有 41 幅極具情感與溫度的手繪畫作，既是他個人記憶的回顧，也是台北歷史地標的紀錄，不但展現他對台北的獨特見解與人文關懷，亦流露出他對這座城市的眷戀與歸屬感。

李霈瑜　金鐘主持／演員

記得是 2009 年的夏天，社會新鮮人在工作場合初識哲生兄，我們的緣分就一直走到現在，15 年 and ongoing! 當時的我有眼不識泰山，原來他就是號稱「懷舊達人」的張哲生呀！過往美好的記憶被他保存並連載著，他就是一張時代的記憶卡，溫暖又真摯。我想，只有充滿極致的愛的人才會去用自己生命保留那一點一滴被時代沖刷至薄的美好吧。

我帶著滿滿的祝福，期待著這部作品再次感動每一位台北人。

林哲豐　水彩畫家

這本書記錄了我的 50 年代輝煌的青春，西門町一直是我的年少必經之處，尤其那段不可或缺的中華商場購買愛華隨身聽、獅子林的平價牛排，萬年大樓的日本書籍模型店……哲生老師用了青春歲月記錄著，未曾間斷過，很感謝老師對文史的紀錄與保存，除了文字的闡述，這本書還有老師的筆墨速寫描繪，刻畫的是你我的時空與記憶。

高慧君　影后

剛出道的時候，有個理工男出了一本科學小飛俠的書。我不確定我有沒跟他說，我小時候常常孤獨的演「珍珍」。

19 年後，他擁抱了他隱藏已久的繪畫魂，用他細膩的筆觸，簡潔的色彩，把過去的台北，消失的、童年的、回憶的……書寫繪出。

我不是台北人，但他喚醒了我童年第一次台北的遊樂園、北居後最愛朝聖的唱片行，等等。

那我可以想像台北人，更能體會到這本書回憶

中的溫度碰撞。也希望的確如此。

即便不是台北人，或是新時代的人們，都能從書裡，找到、幻想、勾勒、探索、驚嘆些什麼。張哲生「台北拾遺」，暖暖的推薦給大家。

夏騰宏　演員

哲生哥一直以來都對台北的歷史文化推廣有相當大的貢獻，這本書更是讓我瞭解我所居住的台北是一座充滿魅力的城市。

郭正宏　旅行速寫藝術家

能夠將舊日時光細數紀錄的人，我腦海中直覺的想到的就是張哲生老師。幾乎沒有人能夠這樣鉅細靡遺的將過往台北人的生活點滴，有系統性的保存下來，不過畢竟單純使用照片跟文字還是有遺珠之憾，哲生老師的《台北拾遺》用手繪的方式，來述說過往美好的地景樣貌，讓記憶的故事，有了傳承及人文溫度的展現。

郭麗慧　城市速寫家

認識哲生老師是從被他的 FB 粉專吸引後開始的，粉專中的每一幀老照片，每一段屬於過去歲月的記憶，在老師的分享描述下，兒少時光歲月躍然重現於腦海中……令人沉醉無法自拔！在得知老師要將這些充滿青春歲月的回憶寶盒整理成冊時更是興奮，期待跟著老師的步伐踏上回憶的舊時光之旅！

序

一切來得突然，卻是水到渠成；讓這本我夢想已久的書，順利地誕生了。

2023 年 8 月 5 日，我應邀參加公視益智競賽節目《一字千金》的錄影，常在網路分享速寫作品的「橘大」和我同一隊，我們在等候開錄的空檔聊了不少；我提到自己從小就很愛畫畫，然而出社會後因爲忙於工作，幾乎不再作畫了，不過每當我看到別人的畫作，內心深處那個畫畫魂總會蠢蠢欲動！

於是他鼓勵我：既然喜歡畫，就拿出紙筆來畫吧！

2023 年 8 月 12 日，我在郭正宏老師的新書《士林巷弄速寫》分享會上，結識了健行文化的副總編輯曾敏英女士，我順口問她有沒有興趣出版一本講述台北歷史結合手繪的圖文書？我跟她說，我除了喜歡研究文史也很愛畫畫，所以想從懷舊的角度去聊老台北的過往，同時將回憶裡的景象描繪出來，是一本從文字到圖片皆出自我手的書。她覺得這個想法很不錯，可以試試看。

一拍即合的我們，在幾天裡經過數回的討論後，隨即進行了簽約，這代表多年來我一直想做的事，終於要付諸實行了！開心的我，迫不及待地直奔中華路和成都路口的地下室，在我兒時曾是中國書城的久大文具，添購了作畫所需的紙筆。

2023 年 8 月 22 日，我完成了第一張圖，畫的是讓我魂縈夢牽的中華商場，用它來開始對我別具意義；不過，我畫的是它倒下的瞬間，一

個令我心痛且印象深刻的畫面。

最初，我想把這本書取名爲「老台北 101」，一方面用來和象徵現代化的台灣最高建築物 Taipei 101 作對比，一方面是因爲我打算寫 101 篇文、畫 101 幀圖。但後來發現，這樣很可能會超過 20 萬字，大概等同金庸筆下《雪山飛狐》（包含《白馬嘯西風》與《鴛鴦刀》兩部短篇）一書的字數，再加上圖片，頁數將會多達四、五百頁，仔細想想有點驚人；所以在與曾副總編討論之後，我決定將篇幅減至 40 篇，但這樣一來，書名就得跟著調整了，要叫老台北 40 ？還是老台北事實？都不是很理想。

某日靈光乍現，把 40 加 1 便成了 41，而四一諧音「拾遺」，是個極具人文感的詞，也很貼切我想記錄往日情懷的初衷；於是，隱喻全書共 41 篇的「台北拾遺」之名，就這樣確定了！（後來我又發現「41、拾遺」唸起來亦近似英語「sweet」的發音，嗯，Sweet Taipei，多麼有溫度的英文書名啊！我太喜歡了！）

2024 年 3 月 12 日，是國父孫中山先生逝世 99 週年的日子，在這一天完成書中的最後一張圖，令我特別有感，因爲國父紀念館的啓用日（1972.5.16）正是我的生日，或許冥冥之中自有安排吧。

歷時 7 個月，用掉整整 3 支三菱超細鋼珠筆（0.28mm）筆芯完成的 41 幀畫以及近 10 萬字的創作，從念念不忘的中華商場出發，最後回到我成長的西門町，這段旅程有如自己大半生的縮影，滿溢的興衰起落悲歡離合死生榮辱酸甜苦辣，雖令人長嗟短嘆，卻也回味無窮～

接下來，就讓我們啓程吧！

目錄

01　中華商場 ————————————

二戰結束後，台北市中華路鐵路沿線搭建起一整片違章棚屋，聚集了一千餘戶無處容身的難胞，蕪雜零亂、殘破不堪，成為1950年代台北市的獨特景觀。

1959年，蔣中正總統指示整頓重建。

1960年，台北市政府決議將中華路鐵路東側的市集聚落改建為新式商場，並於同年7月1日起開始進行違建的拆除與商場的興建工作。

當時迫於經費不足的限制，因此以居民一次負擔的方式籌措改建經費。負責規劃興建施工的是陸根記營造，工程進展相當快速。

經過八個多月的施工，1961年4月22日，單一建築體呈長條狀，以連棟方式形成一長串排列的八座三層樓水泥建築正式落成啟用，由當時的台灣省主席黃杰命名為「中華商場」並題字，中華商場以八德做為各棟之名，成為當時台北市的新地標。

中華商場坐落在台北市中華路一段中央，北起忠孝西路口，南至愛國西路口，由八座三層樓建築所組成，由北而南以「八德」為名分段，分別為忠段、孝段、仁段、愛段、信段、義段、和段、平段，總長1,171公尺，興建經費總計為新台幣47,335,845元。曾為大台北地區規模最大的公有綜合商場，緊鄰西門町，興盛一時。

八大座商場共可容納 1,644 個租戶，平均每戶只分得約 2 坪大的空間。中華商場為獨立八棟三層連成一線之房舍；一樓為商店，二、三樓為住家（後來二樓也幾乎成了商店）。

以早期中華商場第一棟「新美達照相材料行」的地址「中華商場忠段下東五七號」為例，得以一窺當時中華商場店家地址的陳述方式：

1. 中華商場以段為單位，而非我們現在慣用的棟。1961 年落成的中華商場共有八大棟，以八德命名，從北到南依序為忠、孝、仁、愛、信、義、和、平，而忠段指的是八棟中華商場之中，位處最北邊的第一棟。而為了讓不識字的民眾亦能輕易分辨自己身處哪一棟，各棟商場的外牆上也分別印上了 1 到 8 的數字作為區別。

2. 「下東」意指位於東側的下層（一樓）。中華商場一樓的東側與西側分別為不同的店面，西側臨鐵路，東側面對寬廣的中華路，是大家較常在老照片裡見到的中華商場正面。

3. 中華商場的東側是單號，西側是雙號。一樓有單號與雙號，二樓跟三樓則只有單號（因為西側牆壁沒有門口）。

1964 年，台灣松下電器在西門町的中華商場信棟南端樓頂，豎立了當時台灣最大的霓虹燈，閃爍的霓虹燈提供了城市繁華的意象，也在民眾心中留下鮮明的記憶。

最初中華商場只有一樓被規劃為店面，二、三樓是純住家，所以各棟之間並無天橋連接，但後來因為商場業績亮眼，令外頭許多店家想進駐其中；很快地，二樓的住家幾乎都變成了營業場所，然而各棟獨立存在的設計，卻讓顧客在逛二樓的時候極不方便；於是在 1974 年，北市府應商家要求，在中華商場一至六棟的二樓之間建築了天橋，以利通行。

經過多年發展後，八棟商場租戶所經營的行業各具特色：

販售家用電器、音響與電子零組件的商家，多

位於忠、孝兩棟，1980 年代隨著個人電腦產業興起，販售相關軟體、硬體與週邊設備的商家也開始出現；

玉器、琺瑯及台灣民俗藝品曾經是 1970 年代台灣中南部及日本遊客採購的重點，此類商家與販售古董、古玩及字畫的商家，皆分布在仁、愛兩棟，郵票、古幣蒐集與交換專門店及相命、堪輿舖子則零星穿插其間；

信、義、和三棟有許多來自中國大陸各地的小吃，例如「徐州啥鍋」、「真北平飯館」、「點心世界」等；

成衣、制服、牛仔褲、軍用衣料、老人茶館、旗幟徽章等相關商家，則分佈於和、平兩棟。

1981 年 5 月，中華商場 20 年租約期滿。原本台北市政府計劃就此將中華商場收回拆除，但在租戶的要求下又續約 4 年。

1984 年，中華商場產權被台北市政府登記名下。

1985 年 5 月 1 日，商場樓頂的大型霓虹燈開始進行拆除。之後，中華商場樓頂的廣告物便被完全拆除，西門鬧區的夜景也因此失色不少。

1986 年，台北市西區新計劃出爐，中華商場拆除之聲漸起。

1990 年，中華商場東側開挖捷運工程，中華商場生意一落千丈。

之後，為了因應市區重新規劃與捷運施工等需求，台北市政府於 1992 年 10 月 20 日開始拆除中華商場，從北往南一棟一棟地拆，八棟建築終於在 10 月 30 日被全部夷為平地，原址則配合中華路改造計劃，成為林蔭大道的一部分。

1992年10月20日，八棟中華商場開始在怪手的無情攻擊下，一一被夷為平地；在這一剎那消失的，不只是建築物，還有我小學同學的家，以及許許多多美好回憶之所在。

光華商場 ───────────────

在台北市鐵路尚未地下化的年代，台北市政府為減輕行經新生南路和松江路交會之鐵路平交道的負荷，決定設計興建連結松江路和新生南路的光華橋。

光華橋於 1970 年 9 月間發包興工，其外貌與當時中山南北路口的復興橋頗為相似，但兩邊設有人行陸橋，慢車亦從交叉道上經過，工程較復興橋為大，加上橋下空間決定闢建商場（即光華商場），因此完成之後，其外觀比復興橋更加宏偉且多元。

1971 年 9 月 1 日，坐落於台北市松江路與新生南路上，跨越鐵路的立體交叉陸橋「光華橋」舉行竣工通車典禮，由當時的副總統嚴家淦先生與台北市市長高玉樹先生共同主持，橋名乃由嚴副總統所命。

光華橋全長 690 公尺，寬 20.4 公尺，為鋼筋混凝土預力大樑結構，擁有 6 線車道；中間設 4 線快車道，寬 13.4 公尺，兩旁慢車道 2 線，各寬 2.7 公尺，劃分島 2 線，各寬 0.3 公尺，兩側欄桿各寬 0.5 公尺。工程費計新台幣 8,988 萬餘元。

光華橋的存在，讓行駛於松江路和新生南路上的車輛，可以藉著它直接跨越鐵路通行，而不須像以往那樣在平交道前苦等火車經過，對於改善交通狀況有極大的幫助。

1973 年，光華橋旁的光華人行陸橋興建完工，台北市政府利用光華橋下兩層的商場空間，共規劃 201 個攤位來安置原本分布在牯嶺街、遼寧街、安東街與八德路一帶的攤販，並輔導成立「光華商場」，於該年 4 月啟用。

1974 年，北市府認為舊書攤有礙市容，便把牯嶺街的舊書攤全數遷到光華商場的地下室；然而地下室的濕氣重，並不適合舊書的保存，再加上日後電子產業的崛起，以致商場內的舊書店逐年減少。

光華商場最早以二手書的交易為主要營業項目，後來在 1979 年開始導入古董、玉器的買賣；進入 80 年代，因為資訊業興起，加上緊鄰台北工專（今北科大），電子零件、音響與電腦相關設備，遂日漸成為光華商場的銷售主力，並向外延伸至附近的八德路和新生南路一帶，形成台北非常知名的電子資訊商圈。

於是，光華橋不僅承擔了市區的疏運重責，亦因為所處之地理位置佳，而孕育出一個傳遞資訊與文化的繁華園地。

不過，就在 1999 年 921 大地震發生之後，光華橋的結構產生了明顯的變化且有危及公共安全之虞，再加上原本行經橋下的縱貫線鐵路已經完成地下化；台北市政府便於 2000 年決定要將光華橋及其下方的光華商場全部拆除，但此計劃卻因為遭到當地商家與少數市民的反對而遲遲未能付諸實行；直至 2005 年 6 月 20 日，終於由當時的台北市市長馬英九拍板確定光華橋的拆除日期為 2006 年 1 月 29 日。

2006 年 1 月 15 日，光華商場內的商家全數撤出了，其中有的直接歇業，有的搬到他處營業，而大部分的商家則是先暫時遷至市府於金山北路與市民大道口空地搭建的臨時屋裡繼續營運，以待日後新光華商場完工啟用後再搬過去。臨時屋距光華商場約 500 公尺，佔地約 2,800 坪，分為 A、B、C、D、E 五棟，共有 196 個攤位，每個攤位約有 10 坪大。

2006 年 1 月 29 日，光華橋開始進行拆除，正

式走入了歷史；而光華橋兩端四座深具台北史蹟價值，且擁有特殊紋路的橋名石碑，為避免因施工造成損壞，在拆除橋身前便先將石碑卸下，做完整的保留；然而因其年代久遠且有紋路，為避免施工時造成損壞，故以水刀方式施工，完整切割之。

目前四座光華橋橋名石碑皆完善保存著，兩座存放於台北市政府大樓「台北探索館」的倉庫裡（沒有公開展示），一座鑲嵌展示於在光華橋原址建造的捷運忠孝新生站裡的大廳層，還有一座則由新建之光華商場（光華數位新天地）展示於大樓外側西南角落的草坪上。

地點位在新生北路與市民大道口的新光華商場，在臨時屋搭建之際便已動工興建，最初名為「台北資訊產業大樓」，後經北市府公開徵名而定名為「光華數位新天地」，是一棟地下一層、地上六層的建築，主要供光華商場和西寧電子商場（位於西寧南路和忠孝西路口）的商家進駐營業，他們在 2008 年 7 月 15 日開始進駐光華數位新天地並立即舉行兩天的試賣。

2008 年 7 月 19 日，新一代的光華商場「光華數位新天地」正式開幕。

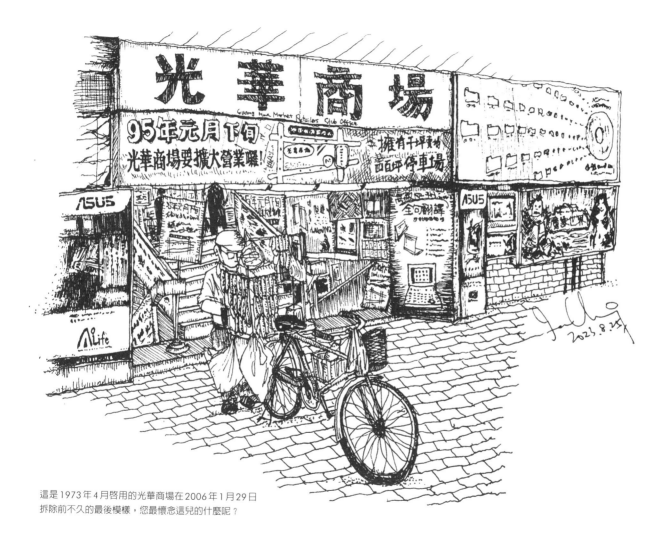

這是1973年4月啟用的光華商場在2006年1月29日
拆除前不久的最後模樣，您最懷念這兒的什麼呢？

03 台北市立棒球場

台北市立棒球場在1959年啓用後，40年來一直是台北市僅有的棒球比賽正式場地，昔日不少大型的棒球比賽都在這裡舉行，包括1990年3月17日的中華職棒元年開幕戰。

坐落在台北市敦化北路與南京東路交會處東南隅的台北小巨蛋，其前身是走過 41 個年頭，曾經陪伴無數球迷歷經各級棒球賽事的台北市立棒球場。

話說 1950 年代初，台北市政府運用美國援助的資金來開闢松山機場到市區的寬闊馬路，南北向大道為敦化路（1961 年更名為敦化北路），東西向大道是仁愛路；並在敦化路東側的寬闊農地興建了台北市立綜合體育場，於 1956 年 9 月 2 日正式啟用。

1957 年 5 月，台北市政府決定撥款新台幣 90 萬元在台北市立綜合運動場旁興建一座符合國際標準的棒球場，於同年 7 月 1 日動工，並在 1959 年竣工啟用。

1961 年 12 月，台北市立棒球場完成修建工程，場內觀眾席有座位五千多個，場外站位則可容納萬餘名觀眾。

1971 年 7 月 29 日至 8 月 1 日，台灣首次主辦世界少棒遠東區大會（遠東區資格賽），為了迎接來自不同國家的少棒代表隊在台北一爭高下，市府特地大規模修繕台北市立棒球場並趕在 7 月 25 日完工；由於適逢政府推展中華文化復興運動，擴建工程遂在球場外牆與門面融入華麗的宮殿裝飾，令球場瀰漫古色古香的氛圍。

當時，身為地主隊的中華巨人隊先後擊敗菲律賓隊（3：0）、關島隊（20：0），並在決賽以 5：0 完封日本調布隊，順利拿下遠東區少棒冠軍；中華巨人隊隨後在 8 月遠征美國賓州威廉波特世界少棒賽，一路過關斬將，以三戰三勝（8 月 29 日最終戰以 12：3 擊敗美國北區隊）的傲人成績，勇奪第 25 屆世界少棒冠軍。

1975 年 8 月 2 日晚間，台灣合庫隊與來訪的美國大學明星隊在台北市立棒球場進行一場練習賽，球場首度啟用新增的夜間照明設備，也讓這場比賽成為台灣棒球史上第一場在正式球場進行的夜間賽事。

1982 年 6 月，台北市立棒球場完成大規模的整修，將場地凹凸不平、積雨不退、水泥剝落等狀況徹底地改善，並增設了裁判休息室、選手休息室、眺空轉播台、陳列室、交誼廳、集訓宿舍，以及淋浴衛生設備。此外，當時增加了頂篷的內野看台可坐六千人，加上外野的八千個座位，讓球場可容納的觀眾數達到了一萬四千人。

1985 年 11 月，為促進國際體育交流活動、提昇棒球水準，由中華棒球協會與中國廣播公司聯合主辦的國際棒球邀請賽，在台北市立棒球場和高雄市立立德棒球場舉辦。為此，台北市立棒球場進行了有史以來最大規模的整修工程，包括球場內外野均以水平儀測量整建、場內外皆予清洗與粉刷、貴賓席換上新地毯，讓整個球場煥然一新。

然而台北多雨的氣候，使得棒球比賽不時須因雨延期，尤其當賽事遇上梅雨季的時候，更是令主辦單位大傷腦筋；於是在 1986 年，中華棒協理事長唐盼盼決定向台北市政府爭取興建一座符合國際標準的室內棒球場，也就是俗稱的「巨蛋」。

1989 年 10 月 23 日，中華職業棒球聯盟正式成立，當時加盟的球隊為兄弟象、統一獅、三商虎與味全龍等四隊；於是，中華民國成為繼美國、日本、加拿大、韓國、澳洲之後，全球第六個成立職業棒球聯盟的國家。

1990 年 3 月 17 日，中華民國的棒球運動邁入新紀元！中華職棒元年的第一個球季於該日下午二時在台北市立棒球場揭幕，並特別從日本請來「全壘打王」王貞治先生擔任開球打者（唐盼盼開球）；當天兩場比賽分別為下午二時卅分開戰的統一獅對兄弟象（4：3），以及晚間七時登場的三商虎對味全龍（3：0）。

1991 年 11 月 10 日，中華職棒二年總冠軍戰的第七戰，在台北市立棒球場舉行，行政院長郝柏村與現場一萬多位觀眾一同觀賞這場殊死戰，沒想到突發的一場大雨迫使比賽暫停，也讓現場球迷不禁齊聲大喊：「我們要巨蛋！我

們要巨蛋！」郝院長當場作了回應，他向球迷掛保證，表示政府一定會興建一座不受天氣干擾的室內巨蛋球場。

1992 年 9 月 23 日，中華棒協理事長唐盼盼與台北市長黃大洲、台北市教育局長陳健治等人，在台北麗晶酒店就興建「巨蛋」一事交換意見；與會人士最後達成共識，要將台北市立棒球場原址改建成為一座可容納三萬人，並以棒球場為主體的室內多功能體育館。

1996 年 7 月 13 日，台北市長陳水扁決定在台北市立體育場、台北市立棒球場與台北市立體育學院共 11 公頃的土地上興建台北巨蛋球場。

1999 年 8 月 15 日，可容納萬名觀眾的台北市立天母棒球場落成啟用，這讓台北市政府放心地展開台北市立棒球場的拆除計劃。

2000 年 11 月 26 日，台北市立棒球場進行名為「告別台北球場明星賽」的最後一場賽事，賽後有五千位觀眾一起將球場的紅土裝進主辦單位提供的罐子，並相約要把紅土倒在未來的「巨蛋」裡。

之後，大台北地區的棒球比賽，便都在天母或新莊的棒球場舉行。

2000 年 12 月 1 日，台北市立棒球場拆除工程開始動工，在熙來攘往的喧囂之中，盡數化作了塵土。

五年之後，正式名稱為台北市立多功能體育館的「台北小巨蛋」在台北市立棒球場遺址落成了，至於為什麼這顆取代了棒球場的「巨蛋」居然無法打棒球，那又是另一段故事了……

04　自強公車

早年，台北市各公車業者皆自行發售種類各異、只適用於自家路線的紙票。在 1976 年實施聯營制度後，為求能夠「一票通用」，因此改由聯管中心統一發行紙票，票種分為普通票、優待票與學生票（須向學校登記，由校方代購）。

1976 年，開始有冷氣車投入台北市公車的營運行列。

1976 年 7 月 1 日，台北市公車處的中型冷氣公車開始上路，30 輛賓士 L508D 型小型冷氣巴士行駛於台北市區，此種路線的號碼都是以「中」字開頭，有中 1、中 2 等路線。1976 年 9 月 10 日，另外 70 輛 L508D 投入服務，開行中 3、中 5、中 6、中 7 等路線；1976 年 12 月 1 日，開行中 9；1977 年 1 月 1 日，開行中 10；1977 年 3 月 1 日，中 5、中 10 停駛。

1980 年 9 月 6 日起，台北市公車處添購 60 輛日野 BM400 型小型冷氣巴士，同日變更路線號碼：中 1 改 601、中 2 改 501、中 3 改 502、中 6 改 602、中 7 改 503、中 9 改 504；504 和新開闢的 505、506、603、604 等路線，則使用日野 BY420 型大型冷氣巴士（車長 11.55 公尺）。

由於 1980 年被政府定為「自強年」（起因於 1979 年與美國斷交），當時的台北市長李登輝為向市民強調自強年的意義，遂將新上路的冷氣公車命名為「自強公車」，成為今日台北

市冷氣公車的始祖。

冷氣自強公車於 1980 年上路時的票價為一律
6 元（須購買乘車專用代幣），價格是無冷氣
普通公車全票的兩倍（當時普通車的票價為全
票 3 元、優待票 1.5 元）；不過自強公車的票
價很快便在 1981 年 4 月 7 日調漲為一律 8 元，
而普通公車的票價亦同時大幅調漲為全票 6
元、優待票（包括軍警、小孩、學生、老人、
殘障）3 元，當時一般乘客可在路邊的公車站
票亭購買一張 60 元（10 格）的普通公車紙票，
或是一枚 8 元的自強公車專用代幣。

順便一提，在 1980 年代，隨著負責剪票的車
掌在精簡人力的需求下逐漸被裁撤，公車司機
必須兼顧駕駛與剪票工作（即所謂的「一人服
務車」），導致營運效率下降，剪票制度因此
於 1994 年初全面廢止，而改採上、下車投入
現金的收費制度。

《認識中華民國自強年》

1945 年，中華民國對日抗戰勝利之後，中華
民國政府仍持續接受美國援助。

1971 年，因中共政治力介入，中華民國宣布
退出聯合國。

1979 年，中華民國宣布與美國斷交，當時引
起了國內社會大眾的恐慌，亦掀起一波移民
潮。為了凝聚民心、提升士氣，中華民國政府
決定將翌年定為「自強年」，並於 1980 年熱
烈地展開了「迎接自強年」的運動，當時全國
上下一心，到處都看得到雙手高舉中華民國國
旗的自強年標誌。

1980 年，蔣總統經國先生在中華民國六十九
年國慶致詞時提到：「古人曾說自強不息，
又說不息則久，顯示自強與不息結合在一起，
才能發生久遠的功能。所以我們把今年定為自
強年，做為我們一個力行不息、長期奮鬥的發
軔！不僅要日新又新，而且要愈奮愈強！秉著

這種意志和信心，讓我們齊聲高呼：三民主義萬歲！中華民國萬歲！」

《台北市公車沿革》

清光緒 13 年（1887 年），台北府城設立之初，劉銘傳從上海購進人力車 150 輛，行駛於城內、艋舺和大稻埕之間，於是台北有了第一批「準公共運輸」系統。

日大正 11 年（1922 年），日人在台北創設「台灣自動車株式會社」，為台北公共運輸之濫觴；初期僅有一條萬華至台北橋的路線，後來因為經營不善，於 1925 年由台灣本地商人出資接辦，並更名為「台北汽車公司」。

1930 年，台北市役所（市政府）收購「台北汽車公司」，成立「台北市營公車」，並於市役所下設「自動車課」來管理；當時公車路線以台北車站為中心呈輻射狀，服務範圍不大，平均每日載運乘客約一萬人，大部分的市民往來市區除了步行、騎腳踏車，就是搭乘人力車。

當時的公車總站設在台北駅（台北車站），另外在台北橋、万華駅（萬華車站）、西門市場、円山動物園（圓山動物園）、東門詰所（東門肥料檢查所）、軍官邸前（今南昌路的陸軍聯誼招待所前）均設有調度站，可見當時台北市營公車主要是跑城內到週邊的各個據點。

由於經營良好，使其於 1937 年時遽增到 120 輛車、14 條路線，是日本時代台北市公車業務之巔峰時期；可惜後來中日開戰導致資源匱乏，公車運輸也隨之陷入半停頓狀態。

1945 年二戰結束後，百廢待舉，於是台北市政府將自來水、瓦斯、公車三種公共事業合併管理，於 1946 年 4 月 1 日成立「台北市公用事業管理處」，接收了 56 部老舊車輛，然而卻只有 4 輛公車可用，僅能行使兩條路線。

雖然當時台北市政府無力投資公共汽車業務，但在員工積極的整修下，於 1946 年 10 月時，已成功讓 28 輛公車馳騁於市區的 8 條路線，令財務狀況岌岌可危的公車業務得以維持下去。

您用過這種冷氣公車專用代幣嗎？大小和現在的5元硬幣差不多，但比較厚一點；於80年代被稱作「自強公車」的台北市冷氣公車，在車頭貼有象徵「迎接自強年」意念的雙手高舉中華民國國旗圖樣。

1949 年，中華民國政府遷台，上海的三輪車大量湧入，憑著機械化「跑得快」的優勢，一下子成為市區裡數量最多的營業用車輛；根據統計，1949 年有 5,847 輛三輪車在街上載客，數量約為 1946 年的 100 倍。於是，台北市的公共運輸正式進入機動車的時代。

1952 年，台北市政府將公共汽車自台北市公共事業管理處分出，成立「台北市公共汽車管理處」（簡稱台北市公車處）獨家經營市區的公車，當時共有 651 輛車、51 條路線。

1967 年 7 月 1 日，台北市升格為院轄市後，行政區域擴大，以致人口大幅增加，為了因應大眾交通需求之激增，高玉樹市長提出了公車民營的想法；同年舉行的中國國民黨第九屆五中全會，便決議台北市大量增加公共汽車，同時研究局部開放民營，以改善營運業務，並限期淘汰落伍的交通工具。

1969 年，台北市公車局部開放民營，欣欣、大有、大南、光華等四家民營業者陸續加入營運，路線增為 90 條，營運車輛增為 847 輛；1969 年的總搭乘人次為 3.9 億，到了 1975 年更達到 9 億人次的高峰；但由於各家業者所發售的票證之種類複雜、票價不一且無法通用，加上公車路線缺乏整體規劃，以致服務區域重疊或不足的情形屢見不鮮，種種原因使得公車運量大幅下滑。

於是，為了提升公車之營運效率，「台北市公民營公車聯營籌備委員會」於 1976 年成立，主要任務是將公車路線與號碼、票證與票價進行整合，並設置管理聯營事務的統一組織。

1976 年 11 月 27 日，聯營審查小組核定聯營區域為全台北市及鄰近台北縣（今新北市）十二鄉鎮市（永和、中和、板橋、新莊、三重、泰山、五股、蘆洲、淡水、汐止、深坑、新店），聯營路線以不超過兩段收票為原則，並邀請行駛汐止的基隆客運，以及在淡水營運的淡水汽車運輸合作社（今淡水客運）參與聯營。

1977 年 1 月 1 日，連接「省市交通」的華中橋

兩線（201、202）聯營公車開始行駛，路線由台北市公車處與各民營公司聯合經營；參加聯營單位原發售之各種車票一律不得使用，而須採用聯營委員會發行的新票種，當時華中橋的新辦公車路線，被視為大台北地區公車聯營的試辦。

1977 年 4 月 30 日，台北市公民營公車正式實施聯營，有中興、指南、台北、三重、三重市公車（今首都客運）等五家民營業者加入經營，共分三梯次實施，分配路線達 149 條；計劃參加聯營的車輛有 2,325 輛，不過實際行駛的數量為 1,984 輛。當時配合台北市公車實施聯營，公車站牌統一更改成圓形，底色為粉紅色，上書深紅色的大字與黑色的小字。

1980 年代後期至 1990 年代，許多原由台灣省公路局（今交通部公路總局）管轄之公路客運路線，以重新編碼或區段聯營方式納歸聯營路線，相關業者亦隨之加入聯營體系，此後，聯營公車路線於新北市境內的涵蓋範圍逐漸擴展。

根據統計，台北市由公共運輸所承擔的交通運量在 1975 年尚超過五成，但到了 1981 年，公共運輸承擔的運量已跌破五成，來到 42%，在 1991 年更是遽降至 27%。

為了提升公車的服務品質，北市府於 1992 年開辦「聯營公車營運服務指標評鑑」，在市府的監督與業者的努力下，台北市公車的服務有了顯著的進步。

1996 年 3 月 28 日，台北市第一條捷運路線「木柵線」正式通車。之後因捷運路線迅速擴展而導致營收驟減的台北市公車處，於 1999 年 10 月開辦捷運接駁公車，盼能借力使力，然而此時台北市公共運輸佔總交通運量已不到四分之一，只有 24% 而已。

2001 年一年裡，台北市公車處的虧損就高達 19.5 億元，而累積的虧損更是超過了 138 億元；為了使公車處轉虧為盈，台北市議會於 2001 年底決議要求市長馬英九在兩年內完成公車處的民營化。

2003 年 11 月，台北市政府開始實施捷運與公車雙向轉乘優惠措施，以鼓勵市民多加利用大眾運輸。

2004 年 1 月 1 日，終於民營化的台北市公車處正式改組為「大都會汽車客運股份有限公司」，台北市公車自此進入完全民營時代。

目前台北市聯營公車路線數有 280 餘條，由 14 家業者一同提供運輸服務，車輛數約為 3,500 輛，路線類別包含一般路線、幹線公車、捷運接駁公車、山區公車、休閒公車與市民小巴等。

昔日台北市的基隆路三段，每到炎夏，販賣西瓜的車輛在路旁一字排開，形成獨特的景觀，而有「西瓜路」之稱；不過，這樣的畫面在90年代初基隆路的高架道路興建之後，已不復見。

基隆路初闢於清領時期，為當時錫口街（今八德路四段至松山國小與饒河街一帶）、興雅（今國父紀念館至延吉街一帶）、三張犁（今信義路五段至吳興街一帶）、六張犁（今和平東路至嘉興街一帶）、內埔（今基隆路與辛亥路口一帶）之聯絡道路，原有路線涵蓋今基隆路、嘉興街、舟山路，路基僅至今日的羅斯福路。到了日治末期，日人為了因應太平洋戰爭而在1942年將興雅（今基隆路一段）的小路拓寬為40公尺寬的戰備道路，並作為飛機起降的臨時跑道。

1945年戰後，此路銜接中正路（今八德路），為當時台北市大安區通往基隆的主要幹道，於是政府在1947年遂將其定名為基隆路。

1950年，市府建設四四西村於基隆路上，供尉校級軍官居住。

1954年，市府在基隆路舊線（今舟山路，已變更為台大校園內道路）之東，新築了和平東路至羅斯福路間的路段，為寬12公尺之石子路面。

1959 年，市府將基隆路二段取直，南起和平東路，北至今嘉興街口，完成後將原二段舊路更名為嘉興街。

1971 年，為了配合福和橋的興建，市府將基隆路南端延伸至福和橋頭（今三、四段），全線拓寬為柏油路面（大部分為 40 公尺寬，少部分為 30 公尺寬）並重新分段，而基隆路末段舊線則於 1973 年新路通車後更名為舟山路。

1972 年 12 月 12 日，市府為紓解基隆北端（八德路口）因縱貫鐵路橫阻而造成的嚴重交通壅塞，動工興建正氣橋（基隆路高架圓環），並於 1974 年 12 月 24 日完工通車。此後，從基隆往中永和地區便可經麥帥公路接正氣橋直通基隆路，而無須經過松山鬧區及穿越縱貫鐵路，大大節省了行車的時間。

1980 年代，信義計劃區開始快速發展，此時基隆路兩側被劃定為綜合型次商業區，以紓解中心商業區的擁擠。於是，基隆路一帶的高樓大廈如雨後春筍般出現，老舊眷村也隨著經濟環境改善而改建，包括 1983 年忠駝國宅（原四四西村）的落成。

1988 年 10 月 20 日，台北市鐵路地下化東延松山工程專案舉行動工典禮，並於 1994 年 6 月 18 日完工啟用，自此，基隆路上再無鐵路平交道。

1994 年 2 月 4 日，連接當時台北縣、市，耗資 22 億、費時兩年興建的「基隆高架道路」正式通車，全長 1700 公尺，其東北端位於基隆路與樂業街口，西南端在基隆路與羅斯福路口銜接福和橋，有效改善了公館圓環的交通瓶頸。

1997 年，信義路至松隆路間的基隆路車行地下道通車，紓解了忠孝東路與仁愛路之間路段的壅塞。

1997 年 9 月 7 日，原為鐵道所在的市民大道五段通車，與基隆路相接。

80年代夏日的基隆路三段，常可見到許多販賣大西瓜的小貨車停靠路邊營業，形成了特有的「西瓜路」景觀。

1999 年 2 月 16 日，為了配合基隆河整治、市民大道通車，及麥帥二橋、環東大道的興建，市府開始動工改建正氣橋，拆除其高架圓環部分，並讓正氣橋與上述道路連通。改建工程於 2001 年 10 月完工通車，此交通工程促使台北市區與聯外快速道路網成型。

1998 年 11 月 1 日，台鐵松山南港鐵路地下化工程專案動工，並於 2011 年 8 月 31 日竣工；市民大道六至八段通車，並與基隆路相接。

順便一提，原本坐落在基隆路與松隆路口的松山高中人行陸橋，昔日因為正氣橋改建高架段而遭拆除，幾年後又在新正氣橋通車之後重生，並建置了電扶梯，於 2002 年 8 月 9 日竣工，成為台灣首座的電扶梯人行陸橋，但這座耗資近三千萬元打造的天橋卻乏人問津，因為行人寧可走平面的斑馬線來穿越馬路，既省時又省力。

清光緒 18 年（1892 年），福建台灣巡撫邵友濂為接待抵台視察的中央高級官員，耗資二萬銀兩於福建台灣承宣布政使司衙門西側（即今台北中山堂附近）興建行館，名為「欽差行台」，做為宴會、會議之用。該行館於 1894 年落成時，適逢甲午戰爭爆發。

1895 年甲午戰敗，台灣被割讓給日本，日軍進入台北城後即以「欽差行台」做為台灣總督府，直到 1919 年，台灣總督府辦公室遷至當年竣工的台灣總督府建築（今總統府）後，此地才改做他用。

1932 年，台灣總督府為紀念日本昭和天皇登基，便在此新建「台北公會堂」，做為民眾集會的場所，於 1936 年 12 月 26 日落成啟用。

自 1898 年 5 月 6 日開始發行《台灣日日新報》的台灣日日新報社於 1938 年 5 月紀念創立 40 週年時，特地捐贈 12,000 圓回饋社會，並將其中的 4,000 圓以「科學思想普及費」之名購買了一具 4 吋口徑的天體觀測鏡（折射式赤道儀天文望遠鏡）贈與台北市役所（市政府）。

台灣日日新報社在 1938 年 5 月 1 日報中發表的《四十週年紀念聲明》中提及「本社預期自昭和 16 年（1941 年）起，台灣北部地區的天體觀測活動將會開始蓬勃發展，就如同往昔的北海道一樣，將逐漸地成為世界天文

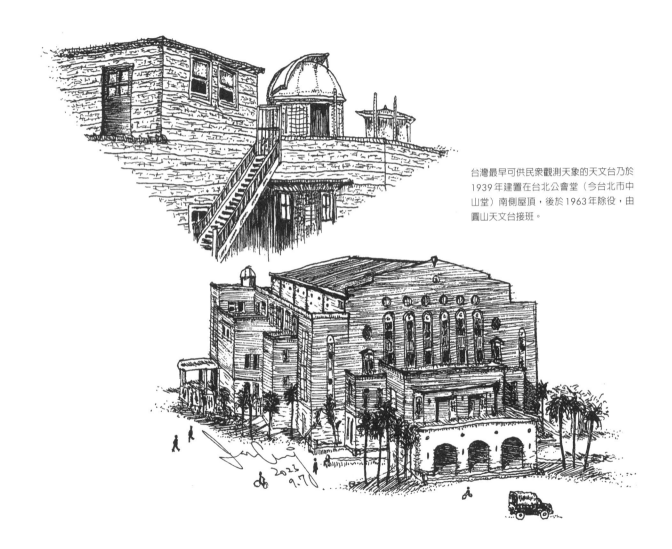

台灣最早可供民眾觀測天象的天文台乃於
1939年建置在台北公會堂（今台北市中
山堂）南側屋頂，後於1963年除役，由
圓山天文台接班。

學者雲集的地方。因此藉著本社四十週年紀念這個機會，將口徑四吋、價格四千圓的天體觀測鏡捐贈予台北市，並希望台北市役所尋求一個適當的場所設置之。這是我們有幸為台北市市民的普及科學活動所做的一點貢獻。」

於是，台北市役所在當時屋齡僅有一年半（1936 年 12 月 26 日落成啟用）的台北公會堂之南側屋頂上，建置了一座圓頂觀測台來安置台灣日日新報社捐贈的天體觀測鏡。

1939 年 5 月 1 日上午 11 時 20 分，台北公會堂天文台正式成立，成為日治時期台灣民眾可以自由進行天文觀測的唯一據點。

順便一提，台北公會堂天文台是台灣第二座天文台，而台灣的第一座天文台是於 1913 年在台灣總督府台北測候所設置的天測室，為一座簡易平頂天文台。

台北測候所成立於 1896 年 8 月 10 日，最早借用台灣總督府民政局的部分空間，後於 1897 年 12 月 19 日遷至南門街的新廳舍，即目前中央氣象局台北氣象站所在地（今公園路 64 號），並開始氣象觀測的業務。

1934 年，台北測候所改稱台北觀測所。

1937 年 3 月 3 日，台灣總督府台北觀測所第一次改建，並於 1938 年升格為台灣總督府氣象台，負責掌管綜理台灣與澎湖地區的各項氣象觀測及地震觀測之業務。

1945 年戰後，台北市政府接收了台北公會堂，將之更名為「中山堂」，於是天文台便隨著改稱「中山堂天文台」，由當時的台灣省氣象局管理。

1946 年，中山堂天文台改隸台北市政府教育局，並更名為「台北市立天文台」。

1950 年代之後，天文台的存在造成了行政上的困難，中山堂並無天文專業人員，一般觀眾與天文台訪客混雜而難以管理，加上觀測天象必須在深夜，造成中山堂員工無法像尋常公務員在傍晚下班。為此，中山堂管理所召開了一系列的協調會，由台北市政府與台灣省氣象局等單位共謀解決之道。

正因天文台設在中山堂有種種不便，才開始有了圓山天文台的規畫。

1957 年，蘇聯發射了人造衛星進入繞地軌道後，引發了社會大眾對天文知識的熱潮。

由於中山堂附近有熱鬧的西門町，夜間的嚴重光害有礙星象觀測，於是北市府便從 1960 年開始，在圓山風景區內動工興建新的圓山天文台。

1963 年 3 月 28 日，圓山天文台竣工啟用，但初期受限於人力不足，並沒有開放給民眾參觀。同年 8 月 31 日，台灣省政府決議定時開放參觀。

1986 年的哈雷彗星回歸，在媒體的推波助攬下，掀起了台灣地區的觀星熱潮。然而，由於圓山天文台的規模過小，加上台北市人口急速增加，使得圓山天文台不敷使用，再加上後方的圓山大飯店和前方的中山高速公路興建後造成的光害問題，遂有了遷建與擴建的計劃。

1993 年，北市府於士林區基河路動工興建新的天文台。

1996 年，台北市立天文台改制為台北市立天文科學教育館，並於 1997 年 2 月 4 日舉辦開館典禮，翌日正式開放第一期展區。

1997 年 7 月 20 日，展館全面開放。館內設施包括展示場、宇宙探險區、宇宙劇場、立體劇場、天文教室、圖書館，與圓頂天文觀測室等。而最初那座由台灣日日新報捐贈的 4 吋折射式望遠鏡也正式退役，被陳列在天文館後門入口處。

之後，圓山天文台所在地改為校外教學專區，但因建築老舊等安全問題，遂於 2000 年 7 月 25 日進行拆除，但仍留下了一個水平式日晷作為紀念。

07 麥當樂 ————————————————————

美多樂食品股份有限公司開設的「麥當樂」自詡是中華民國第一家漢堡專賣店，不過無論是店名、商標，還是販賣的食品，很明顯都「參考」了美國知名速食業者「麥當勞」（McDonald's），甚至在開幕時還號稱來自美國，實有故意混淆視聽之嫌。

1978 年 7 月 8 日，位於台北車站公路東站一樓的麥當樂「東站門市部」正式開幕，是麥當樂的第一家門市，地址為台北市忠孝西路一段 91-93 號，剛好在台北希爾頓飯店的正對面。

當天刊登在報紙上的開幕廣告寫著：「美國麥當樂今天在希爾頓正對面開幕，大家來共享世界性時髦的餐點」，同時還印有麥當樂薯條、牛肉漢堡飽、魚柳堡、豬肉漢堡飽、美國奶昔等主打餐點的圖像。

很快地，不到五個月的時間，1978 年 11 月 25 日，麥當樂的第二家門市「來來分店」隨即在西門町（武昌街和昆明街口）的來來百貨一樓開幕（這天也是來來百貨的開幕日），其點餐櫃台設置在來來百貨一樓西側臨昆明街人行道，但若要內用，則須自行帶著購買的餐點前往 B1 的美食街座位區。

嚴格說起來，麥當樂算是山寨版的麥當勞，因此當美國麥當勞於 1984 年 1 月進入台灣市場後，便立刻對麥當樂提出訴訟；於是，這家「中華民國第一家漢堡專賣店」僅存在短

短六年就走入了歷史。

不過，麥當樂關門並不是因為官司輸了（在台灣搶先註冊商標的麥當樂堅持不肯更名，於法有據，麥當勞也莫可奈何），而是由於被輿論貼上「假的麥當勞」之標籤，令消費者轉而光顧正牌的麥當勞，結果生意做不下去的麥當樂，只得黯然收攤了。

麥當樂的第二家門市開在西門町來來百貨的一樓西側，與來來百貨同一天（1978.11.25）開幕。

08 來來百貨

1977 年 10 月 6 日開幕的國泰百貨公司（位於台北市中華路一段 88 號），是國泰集團史上跨足百貨業的第一個據點；同年，國泰集團與大來關係企業合作，在同樣位於西門町的武昌街與昆明街口，籌設了來來名店百貨公司（簡稱來來百貨），國泰集團創辦人之一的蔡萬春（1916-1991），還出席了來來百貨所在的台北西門大樓之動土典禮。

地址為台北市武昌街二段 77 號的台北西門大樓，由國泰人壽保險股份有限公司起造、羅維東設計、樹德工程負責營造；於 1977 年 3 月 8 日開工、1978 年 6 月 10 日竣工，工程造價約為新台幣 6,369 萬元，是一棟地下 3 層、地上 10 層的鋼筋混凝土造建築。

1978 年 11 月 25 日，坐落在西門町最熱鬧的電影街一帶，以「讚美的焦點、流行的焦點、歡樂的焦點」為營業主軸的來來百貨正式開幕。

來來百貨的基地位於由昆明街、西寧南路、漢口街及武昌街所圍成大街廓的西南角，此街廓經內政部同意以建築物高度不受面前道路寬度之限制的特殊優惠，交換各建築物必須配合在街廓中央共同保留一 13 公尺寬的南北長向步行廣場的義務，再加上南臨之武昌街在部分時段封閉為行人專用區，所以來來百貨自始即具有難得的步行區百貨公司之特性。

來來百貨的建築設計在西南及東南兩角接應人潮，建設具有支配性的雙金柱大門，並挑高兩

層，飾以大串亮晶晶之吊燈，略具商業之紀念性，形成來來百貨建築之特色「商標」。

此外，在東面臨步行廣場處亦有一第三進口，可惜在整體設計上並沒有受到重視，或許是設計者對於中央步行廣場的信心仍不及於外圍的道路，因此，來來對這條突破法規限制所創造出來的步行空間，並未創造出其應有之貢獻。

至於室內空間方面，設計創意表現在五樓以上每兩層樓出現一次的兩層挑空，增進高層部分的吸引力，甚至因此使公共面積達總樓地板之40％，不過開幕後的盛況，可以證明其所費不貲的面積犧牲，有效換來了生意上的回報。

整體觀之，來來百貨所在建築及其東臨的步行廣場，可視為社會價值（提供民眾的免費服務）與經濟價值（經營者的獲利）的適當平衡，其設計可作為同類型都市建築之借鏡。

來來百貨裡令我印象深刻的有二，一是設置於8、9樓間的許願池，顧客可朝其投擲硬幣來許願，而池中所收集之金錢，則作為慈善救濟之用。

二是館內播放的「來來百貨之歌」，歌詞共有三段，分別以流行的焦點、歡樂的焦點，與讚美的焦點為主軸，並依播放時間分為早、午、晚三個版本，其中早安版的歌詞如下：

（第一段）

早安
流行的新感覺　你會喜愛
歡迎來「來來」
這裡是流行的焦點
來「來來」　來「來來」
早安
早安

（第二段「歡樂的焦點」歌詞已佚失）

西門町來來百貨（1978-2003）的外觀十分具有設計感，是我非常喜愛的建築之一，目前是誠品生活武昌店所在地。

（第三段）

早安
美麗的新世界　為你而開
歡迎來「來來」
這裡是讚美的焦點
來「來來」　來「來來」
早安
早安

1978 年刊登於報紙上的來來百貨開幕廣告裡，便是以「焦點的誕生」為宣傳主軸，並對上述三個焦點有詳細的說明如下：

流行的焦點

- 生活的挑戰
  創造生活的新型式
- 名店精華的聚集
  結合名店大選中消費者極力推薦的 120 家一流專門店
- 一次購足（ONE-STOP）的業種組合

歡樂的焦點

- 感性的挑戰
  創造歡樂情趣愉悅享受的新感性
- 造型獨特的店面風格
  心靈感受與環境節奏的共鳴
- 新潮（fashion）的展示場
  享受欣賞與被欣賞的雙重歡樂

讚美的焦點

- 空間的挑戰
  創造「購物中散步，散步中購物」的新環境
- 賓至如歸的購物服務
  尊重您的個性與消費地位
- 高度文化素養的風範
  常年推出系列性的文藝展示活動

兩年後，就在台北來來百貨兩歲生日當天，1980 年 11 月 25 日，號稱「中部最大百貨公司」的台中來來百貨公司正式開幕，其地址為台中市北區三民路三段 125 號（三民路與太平路交

會處西北隅）。

值得一提的是，自 1970 年代開始代理遊樂機台進口的「街頭遊戲機教父」李祥，於 1979 年在西門町來來百貨 5 樓童裝部租下部分櫃位（約 5 坪大）寄放遊戲機台（大部分為騎乘類），由於這些遊戲機台廣受顧客好評，亦創下極佳的業績，來來百貨決定和李祥進一步合作，於同年在 9 樓開設了 100 多坪的「奇奇樂園」，成為台北市最早的親子休閒電子遊樂場。1982 年 1 月 25 日，李祥與張和義聯手在來來百貨創立了「湯姆熊歡樂世界」；40 多年來，「湯姆熊」儼然成為台灣經營室內主題樂園的第一品牌。

1985 年，國泰集團因十信案而將來來百貨轉讓給豐群企業集團，雙方於 8 月 20 日舉行交接簽約典禮，由國泰集團第二代蔡辰洋與豐群企業集團創辦人張國安代表雙方簽字，來來百貨於焉正式易主。

1991 年，來來百貨桃園店開業（位於今桃園市桃園區中山東路 51 號）；1997 年，來來百貨中壢店（位於今桃園市中壢區中山路 100 號）開業；2002 年，中壢店與桃園店相繼停業。

西門町的來來百貨台北店原本計劃於 2002 年 12 月 25 日結束營業，但是在最後封館拍賣的兩個月內，竟達到四億元的業績，於是，為了讓廠商、員工及豐群母公司好過年，便改延至 2003 年 2 月 10 日才關門。至於最後一家來來百貨（台中店）也同樣在 2003 年停業，來來百貨的歷史至此終結。

之後，誠品租下原為來來百貨台北店的台北西門大樓，在 B1 至 4 樓開設了誠品生活武昌店（簡稱誠品武昌），於 2004 年 12 月 1 日開幕。2010 年，誠品將台北西門大樓閒置的高樓層（5 至 10 樓）出租給國賓飯店，委由國賓開設平價旅館「台北西門町意舍酒店」，於 2012 年 2 月開幕。而閒置多年的來來百貨台中店舊址，亦於 2013 年由豐群企業集團再度以「來來」之名進駐開業，開設了名為「來來商旅」的旅館，自 2 月 4 日開始試營運，並在 3 月中旬正式開幕。

1964 年 4 月 29 日上午 10 時，台灣省政府主席黃杰應邀為榮星保齡球館開幕剪綵。

位於建成圓環附近，坐落在台北市南京西路 14 號，旁邊是鐵路和平交道的榮星保齡球館，是一棟佔地千坪、建坪 600 坪的兩層樓建物，裡頭設有 16 條球道，採人工計分與人工擺球瓶；館內還附設餐廳與冷飲部，供應各種名菜與茶點，營業時間為上午 10 點到晚上 10 點半；當年號稱「自由中國最新穎之運動、社交場所」，為台灣第一家保齡球館，曾經風靡一時。

榮星保齡球館是台灣五大家族之一的辜氏家族創建者辜顯榮的二子辜偉甫所開設，榮星之名，即來自於辜顯榮的字「耀星」，為「光榮耀星」之意。辜偉甫以「榮星」為名所創立的事業，還包括 1957 年創辦的榮星合唱團，以及 1968 年起對外開放的榮星花園；榮星花園佔地廣闊，比總統府附近的新公園還大，而且園內種植了多樣化的花草樹木，成為當時台北市區的知名景點之一。

筆名「雞籠生」的漫畫家陳炳煌，當時在榮星保齡球館任職，陳炳煌擅長散文寫作，又精通英文，「保齡球」這個中文名字就是他的傳神譯筆。

保齡球據傳是駐台美軍於 1946 年引進台灣，在榮星保齡球館出現之前，只有總統府斜對面、新公園旁的「中國之友社」有個四條球道

民國53年開幕，鄰近鐵路與南京西路平交道的榮星保齡球館，佔地千坪，館內設有16條球道、餐廳和冷飲部，是台灣的第一家保齡球館。

的保齡球設備，但不對外開放，

1966 年 12 月 1 日，位於圓山大飯店附近（台北市中山北路五段 6 號），設有 36 個球道的「圓山保齡球館」開幕（在 2017 年 1 月成為台北市僅存的保齡球館迄今）；此後兩、三年內，台北市區又陸續開了好幾間保齡球館，保齡球運動熱潮於焉大興。

家母年輕時（大約是 1968 ～ 1969 年）曾在榮星保齡球館當過一年多的計分員（工讀生，月薪 800 元），她告訴我，那時候阿姆斯壯登月，榮星保齡球館裡的餐廳還特地推出了阿姆斯壯特餐。畢業後，我媽媽到日商伊藤忠上班，過沒幾年，她就和我爸爸結婚，然後生下了我。

1973 年發生石油危機，百業蕭條，保齡球業亦無可倖免，球館一家接著一家倒閉，只剩下少數幾間在困境中慘澹經營著；不過在 1974 年 5 月 12 日，還是有一間規模更勝圓山保齡球館，建有 70 個球道的「佳佳保齡球館」開幕（位於台北市松江路 223 號，後於 2004 年

停業拆除改建大樓）。

1991 年之後，台灣的保齡球選手在世界級比賽中屢屢獲獎，再加上經濟起飛，保齡球運動再度在台灣興起，並且成為廣受喜愛的休閒運動。

榮星保齡球館於 1974 年歇業後遭到拆除，後來在同地興建的今日新公司（今日百貨南西店）於 1977 年 10 月 8 日開幕，當時除了一至四樓的百貨部外，位於大樓內的超級市場（B1）、今日圓環、金舫西餐廳（5 樓）、一定好茶樓（6 樓），以及翡翠與明珠兩大戲院（5 樓）同時開業，地下二樓則設有停車場。

1990 年，今日百貨南西店歇業，由中國力霸集團接手，將之更名為力霸百貨南京店營運，而館內兩家戲院（翡翠與明珠）也分別改名為「麗晶翡翠」與「東方明珠」。

1991 年 10 月 29 日，坐落在南京西路 12 號的新光三越百貨南京西路店（今新光三越台北南

西店一館）盛大開幕，以「台灣最高品質的世界感性百貨」自居，搶走了隔壁的力霸百貨南京店不少客人。

為了扭轉劣勢，力霸百貨南京店在 1992 年進行改裝，然而業績並無起色，於是特地派人到國外考察，然後在 1995 年 5 月耗資新台幣 3 億元，將力霸百貨南京店改裝為全國第一家女性專門高級用品專賣店，同時更名為「衣蝶生活流行館」（簡稱衣蝶百貨）；秉持尊重自主、勇於求新之現代女性主義精神，提供流行仕女最佳之購物環境，因而廣受女性消費者青睞。

衣蝶這個名字源自法文的 IDÉE，也就是英文的 IDEA，意即一間很有想法的百貨公司。定位為專為女生服務的衣蝶百貨，有帥帥高高的 DOORMAN 幫你開門，有寬敞的內衣試衣間，每層樓的廁所都有沙發可供補妝或休息，另外還特地設置男士休息區與籃球場，讓陪同逛街的男士們也能悠然自得。貼心的服務與設備，讓不少到南西商圈逛街的女性顧客，寧捨新光三越而流連於隔壁的衣蝶百貨。

1999 年 12 月，衣蝶二館（衣蝶 S 館）在衣蝶百貨對面開業。

2006 年底，力霸集團裡的中國力霸和嘉新食品化纖因鉅額虧損，無預警地向台北地方法院聲請重整，時任中國力霸董事長的王又曾潛逃出國，舉國譁然！

覆巢之下無完卵，衣蝶百貨在歷經一波三折的標售之後，最終由新光三越於 2008 年 2 月以 7.05 億元買下。 2008 年 5 月 31 日是衣蝶百貨的最後營業日，同年 6 月 6 日，衣蝶百貨及其對面的二館改掛「新光三越」招牌重新開幕，成為新光三越台北南西店二館、三館。

2018 年 5 月 15 日，新光三越百貨台北南西店二館吹熄燈號，後由誠品進駐經營。

2018 年 9 月 20 日，以「跨文化生活聚場」為定位的「誠品生活南西」開始試營運，並於 9 月 30 日正式開幕。

您知道嗎？台灣第一家「頂呱呱」就開在西門町電影街附近的昆明街，迄今仍在營業，其歷史已有半個世紀，而緊鄰它南側的老鄰居，則是小它 10 歲的台灣第二家麥當勞餐廳（昆明店）。

1974 年 7 月 20 日，由養雞界人士合資開設的「頂呱呱香酥炸雞店」誕生於當時台北市最熱鬧的西門町，為台灣首創連鎖店的速食業者，這家位於昆明街 92-2 號的西門店是頂呱呱的創始門市，之後頂呱呱陸續於世界各地設立連鎖店；截至 2023 年 9 月之統計，頂呱呱在台灣有 51 間店舖，在海外則有 42 間店舖。

1974 年 7 月 30 日《經濟日報》第 7 版有篇報導提及西門町頂呱呱的開幕，文中以「美國式炸雞」來稱呼頂呱呱用自動機械作業方式烤製的炸雞。

當時，由養雞協會理事長史桂丁與其他養雞界人士共同投資的「頂呱呱香酥炸雞店」在台北市電影街樂聲戲院附近的昆明街上，成立了門市部，專門供應美國口味的炸雞；其料理配方以及店內使用的烹調機械，都是由美國知名的老人牌美國肯塔基炸雞所供應。

頂呱呱將肥嫩的雞隻去皮除骨，再用高級油料以急火炸出，成就了香酥可口的美味炸雞；店內除了炸雞，同時供應飲料，並備有精美

的特製防油包裝盒，以便顧客把炸雞帶進電影院或是回家享用。

10 年之後，1984 年 1 月 28 日，台灣第一家來自外國的速食業者「麥當勞」在台北東區（民生東路和敦化北路口）開了第一間門市！

還在讀小學六年級的我，跟著大人來到民生東路的麥當勞餐廳，咬下第一口大麥克、吃下第一根薯條、喝下第一口奶昔；當時舌尖的感動和心中的興奮，至今仍然記憶猶新、難以忘懷！

坐落在今台北市民生東路三段 135 號的台灣第一間麥當勞，營業未滿一個月即以單日衝破新台幣一百萬元的業績，勇奪當時全世界 7 千 5 百餘家麥當勞連鎖店的單週營業額最高紀錄！

因為生意實在太好了，才過了短短兩個月，麥當勞馬上又在西門町的台灣第一家頂呱呱隔壁開了第二間門市（地址為台北市昆明街

92 之 4 號），自 1984 年 3 月 31 日開始營業，並在同年 4 月 4 日正式開幕。

短時間在同一城市連開兩家門市，讓美國麥當勞總部感到不可思議，也為台灣的食品工業界帶來空前的震撼！截至 2023 年 9 月之統計，麥當勞在台灣有 416 間門市。

接下來，我們來回顧 40 年前的幾篇相關新聞，一窺麥當勞在台開疆闢土的起始樣貌。

首先是 1984 年 1 月 20 日《民生報》第 5 版的一篇報導，宣告台灣第一家麥當勞專賣店將在當月 28 日開始營業：

「中華民國麥當勞食品推廣中心決定，本（元）月廿八日上午起，以漢堡、炸薯條為主的麥當勞食品，開始在台北市民生東路上成立第一家專賣店，與台灣地區的民眾見面。」

台灣第一家頂呱呱和台灣第二家麥當勞已經在西門町當了超過40年的鄰居。

這是當時在全球擁有七千多間連鎖店的美國麥當勞速食集團首度在台灣落腳，亦是1984年麥當勞食品推廣中心計畫在台北市成立5、6家連鎖店的第一家店。

這間台灣第一家麥當勞專賣店佔地約250坪，劃分為三區；室內用餐區與戶外涼亭區共計180個座位，並附設別緻的兒童遊樂區，以吸引孩童上門。

這篇報導詳述了社會大眾所關心的麥當勞產品售價：一般漢堡每份30元、炸薯條每份18元、咖啡25元、聖代35元、奶昔40元、麥香魚58元、大麥克漢堡78元（後來大麥克不久就被更名為麥香堡，到了2005年又改回大麥克），而內容豐富的吉事漢堡每份賣80元，是當時台灣麥當勞單價最高的產品。

那時候為了慶祝1月28日的開始營業，麥當勞食品推廣中心特地在開張前夕（1月27日晚上6時至9時）舉行了「貴賓之夜」，同時舉辦試吃會，而正式的開幕典禮則定在2月18日舉行。

後來刊登於1984年1月27日《民生報》第5版的一則新聞，揭開了麥當勞「櫃台六部曲」的祕密，為隔日開始營業的台灣第一家麥當勞做足了宣傳。

文中提到麥當勞服務員手冊上刊載：「品質和衛生會毀於怠慢無禮，要使一個顧客再上門，微笑的魅力和世界上最好的食物是一樣的。」那麼，稱霸美國速食市場的麥當勞式服務態度，究竟是怎麼一回事呢？

時任麥當勞食品推廣中心副理的陳文光透露，麥當勞開店計畫中第一店需用的180位工讀生，是從3500位應徵者裡遴選出來的，而當時令這批受訓人員印象深刻且津津樂道的，則是所謂的「櫃台六部曲」：

（一）客人進門要親切地打招呼。
（二）接受客人點購後，隨即作建議點購，讓人有機會多認識店內供應的食品。

（三）迅速為客人拿取食物。

（四）採取櫃台自助式的服務方式，把食物確實無誤地送給客人。

（五）在收銀機面前，提供客人付費的方便。

（六）客人離去時說：「謝謝，歡迎下次再來。」

實際參與訓練作業的陳文光表示，不論是日間部的學生晚上來受訓，或是夜校生在白天受訓，櫃台六部曲的訓練順序不外乎：先看一次影片，專人再解說一遍，提示遇見正常有禮的客人該如何做，碰到刁難的客人時又該如何反應，然後由學員親自演練，經評審之後，再針對操作未盡理想的地方加強解說與練習。

而整體性的麥當勞服務模式，則為「從點用餐點、取得餐點，到付費結帳完畢，盡可能在一分鐘內服務完。」

工作人員不僅要懂得發出自然的微笑，還須能夠將情緒感染客人，使其離開櫃台時也在笑，要讓客人在店裡感覺到快樂，才能算是服務成功；而其秘訣在於「每招呼一名客人，就像招待自己最要好的朋友來家裡吃飯。」因此，工作人員必須能夠克制自我情緒和脾氣，而且絕對不可將不快樂的低氣壓帶到店裡。

此外，要適時關心客人，懂得預防會造成顧客抱怨的事，不讓客人有產生不悅的機會；例如當客人的食物出現雜質或飲料喝起來味道怪怪的，經理、副理、襄理及組長等同一班內的四位管理級人員，都會立即接近客人以了解狀況並處理之。

另外，為了增進工作人員的服務效率，陳文光還透露了一項實用可行的工讀生排班表；台灣麥當勞參照美國麥當勞業績第一名的作法，依據每天的工作時數分配，所登記整理出來的交易金額之多寡，安排最適當的工作人數，例如全能運作時，台灣麥當勞第一店所需之員工數為 58 人，這在開幕前便已經預估出來。

至於採用工讀生的主要目的，就是希望在店務最忙的尖峰時間，可以做到最妥善的招呼服務，而且絕對不讓服務人員在不能或不樂意上班的時刻，勉強前來當班，以免影響到服務品質。

文中提到麥當勞工讀生在試用期間的時薪為45元，並在服務滿一個月後正式升成50元，這比當時台灣餐飲業工讀生常見時薪（35至40元）高出不少。同時麥當勞秉持工讀生一天工作時間不超過8小時、一週不超過40小時之原則，以維護現場員工的體力與情緒，使其工作態度能夠保持一定之水準。

最後，我們要看的是，在台灣麥當勞第二家門市開始營業前夕，刊登於1984年3月30日《民生報》第5版的一則新聞，文中提到：

「中華民國麥當勞食品推廣中心設於昆明街九十二之四號的西門門市部，定明（卅一）日上午八時起正式營業。」

這是台灣出現的第二家麥當勞食品專賣店，由於台北市民生東路第一店（民生店）的銷售成功，使原定3月底成立的第二店得以如期開張。

麥當勞第二店（西門店）開在寸土寸金的西門町，佔地達二百多坪；除一樓規劃為廚房、點餐和外賣區外，二、三樓內所設的座位比第一店還多。而有鑑於青少年消費者在西門町所佔比例為重，第二店一開始並沒有規劃像民生店裡附設的小型兒童遊樂區。

標榜「口味統一、價格統一」的麥當勞，在第二店以與第一店相同的價格供應各項食品。

當時麥當勞第二店任用的250名員工中，包括由民生店抽調出13名經驗豐富的訓練員和33位服務員，來帶領剛剛完成訓練的百來名新進人員，因此兩家店的服務品質仍可穩定地維持水準。

此外，為配合西門町電影街的末場電影散場
時間，麥當勞將第二店（西門店）的營業時
間延長至晚間十二時止，並決定在 1984 年 4
月 4 日正式舉行開幕典禮。

從小到大，頂呱呱的地瓜薯條和麥當勞的馬
鈴薯條一直是我的最愛，也是我到這兩家餐
廳時的必點美食；見到它們在台灣餐飲界屹
立不搖，著實覺得開心！希望在往後的日子
裡，都能有它們的存在。

11 國際學舍

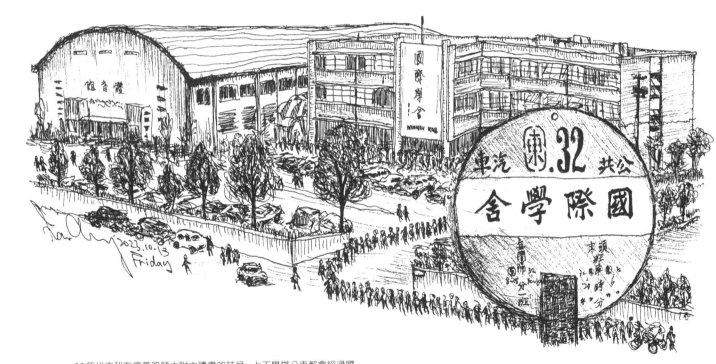

80年代末我在信義路師大附中讀書的時候，上下學搭公車都會經過國際學舍，也曾去過它的體育館逛書展；在上大學之後沒再見到它，沒想到就再也見不到了……

還記得在大安森林公園出現之前，位於台北市信義路三段（近新生南路口）的國際學舍嗎？啟用於 1957 年的台北國際學舍，是 1992 年北市府開始拆除大安森林公園預定地上建物時，頭一個被夷為平地的；才僅僅一天（1992 年 4 月 1 日），風光了卅五載的國際學舍便化作了瓦礫一堆。

原名「International House」的國際學舍是國際性的文教社團，於 1924 年在美國紐約創立，主要提供留美的外籍學生一個居住的地方，並幫助他們適應美國的生活環境。在紐約總會建立之後，國際學舍又陸續於全球 50 多個國家設立分會，以提升各地的學術視野，促進世界文化交流；而創立於 1957 年的台北國際學舍，亦屬紐約總會管轄之分會。

昔日坐落在台北市大安區信義路三段 38 號的台北國際學舍，佔地 160 多坪，它的存在，讓來自世界各地的外籍學生，只須支付低廉的租金，便能輕易在繁華的台北市區擁有容身之所，進而得以安心地學習；至於本國籍的大專院校學生，國際學舍也提供了每年 30 個名額由校方推薦入住。

緊鄰國際學舍的東側有一座「體育館」，其位置約為今捷運大安森林公園站 3 號出口與 4 號出口之間的陽光大廳所在，歸台北國際學舍管理，平時可供籃球、羽毛球等各類運動之用，亦可作為戲劇、音樂或電影等多元藝術演出之場所；而該處最廣為人知的活動，則是「台北國際書展」，曾讓不少愛書人士（包括學生時代的我）於焉流連忘返！此外，1960 年誕生的中華民國第一屆中國小姐，也是在這座體育館裡面進行選拔的呢！（後續的第二、三、四屆中國小姐選拔亦同）

最早在台北國際學舍體育館舉辦的書展叫作「全國圖書展」，一年兩次，分別在春秋兩季舉行，後來行政院新聞局與國立中央圖書館將「全國圖書展」改制成「台北國際書展」，並且將之命名為「中華民國台北國際書展」。

第一屆的台北國際書展於 1987 年 12 月 15 日至 21 日在中正紀念堂「大中至正」門對面的國立中央圖書館（1996 年 1 月更名為國家圖書館）舉行，後來為了讓書展能夠名副其實步上國際化路線，並且解決攤位不足之問題，行政院新聞局決定將第二屆台北國際書展（1990 年 1 月 13 日至 17 日舉行）改至信義計劃區的台北世界貿易中心進行，此後台北國際書展即固定於台北世界貿易中心舉行。

台北國際學舍在位於大安森林公園預定地上的建物遭拆除之後，便遷到了台北縣新店市（今新北市新店區）新坡一街 102 號的新址，繼續提供國內外學生住宿服務，致力促進國際學子間的文化交流。

1973年10月5日星期五，萬年商業大樓於開幕前夕在《聯合報》第五版刊登了一則「預告開幕」的廣告，其內容如下：

帶給光輝十月的新獻禮……
萬年商業大樓

- 耗資數億元，歷時近兩年，動員數千人……。
- 人們觀光購物的最好去處，明天隆重推出，歡迎闔第光臨！
- 不必擺長龍，不必收門票，包君滿載而歸，男女老幼皆大歡喜！
- 此中有山珍海味讓您吃得過癮，此中有各種最新、最流行的百貨用品，讓您看得開心！另有五樓的名犬、名花、盆景展覽。
- 本大樓為響應政府號召，開幕一切節約從簡，不舉行儀式與酒會。敬請光臨指教！

翌日，1973年10月6日星期六，《聯合報》第一版刊登了半版的萬年商業大樓開幕廣告，其內容如下：

萬年商業大樓

隆重開幕…（下午二時）
台北市西寧南路70號

全國規模最大，設備最完善，最新電動化之綜合商場，舉凡綜合百貨、文化用品、各種餐飲……各行各業均會集在此。

空前豪華的綜合商場

樓頂　空中花園
10F　萬聯企業股份有限公司
9F　近期開幕
8F　近期開幕
7F　近期開幕
6F　萬禧酒樓
5F　展覽會場、廉價市場
4F　文化中心
3F　百貨部
2F　百貨部
1F　百、洋貨中心
B1　小吃總匯
B2　停車場

歡迎光臨惠顧

開幕隔天，1973 年 10 月 7 日星期日的《聯合報》第一版右側，刊登了一則萬年商業大樓鳴謝各界的啟事，其內容如下：

謝謝謝謝 謝啓 謝謝謝謝謝

本大樓昨（六日）開幕 承蒙
瑞和公司董事長侯政廷先生剪彩及各界人士厚愛，光臨指導，銘感不已，本大樓各店位全體員工今後當以萬分之熱忱為消費大眾謀萬年之福利，並謹申最高熱忱。
萬年商業大樓敬啟

萬年商業大樓的前身為日治時期非常知名的「國際館」，是台灣最早的豪華戲院之一。

1935 年，台灣電影發行業公會的理事長真子萬理，收購當地的日本料理店，將之改建為戲院，並於 1936 年元旦以「國際館」之名開幕營業，當時是日本東寶映畫的直營戲院。1945 年戰後，國際館被更名為「國際戲院」。

2023.10.18

儼然已成西門町經典地標的萬年商業大樓，不負其名地叱吒了半個世紀，充滿許多人的青春回憶，也是遊子的溫暖避風港（借廁所的好地方）。

1970 年 10 月，中影出現財務危機，售出位於西門町的國際戲院給瑞和實業股份有限公司的董事長侯政廷。

之後，侯政廷決定拆除國際戲院，並在同址建造一棟地下 2 層、地上 10 層的鋼筋混凝土造建築，內有 178 戶，名為「萬年商業大樓」的綜合性商場，由建築師蔡柏鋒、陳昭武設計、台灣舖道工程承造，造價約新台幣 2,253 萬元，於 1972 年 6 月 9 日動工、1973 年 6 月 4 日竣工。

1973 年 10 月 6 日，萬年商業大樓正式啟用，內有二百家商店同時開幕營業。

時至今日，舉凡青少年喜愛的流行玩意，包括服飾、球鞋、手錶、香水、手機配件、電玩遊戲、玩具、扭蛋、漫畫、雜誌等，都可以在萬年這座城堡裡找到；其中位於 4 樓的幾家模型玩具店，則是我從小到大最愛逛的地方，每每到西門町，就會不自覺往萬年 4 樓的方向走，我的任天堂紅白機就是 1984 年在 4 樓的愛瑜買的。此外，地下 1 樓是美食的聚集地，諸如

金園排骨、老山東牛肉麵、墾丁牛排、店小二、貝玉天婦羅……等多家開了數十年的老店，總有一家能夠滿足你的味蕾。

還記得 80 年代盛行台灣的「冰宮」嗎？昔日開在萬年的「金萬年冰宮」連鎖溜冰場，於鼎盛時期共有 17 處連鎖溜冰場，包括台北 5 處（萬年大樓 7 樓及 5 樓、人人百貨 5 樓、武昌街二段金快樂原子冰宮、太原路中央大冰宮）、桃園 1 處（永和市場 6 樓）、中壢 2 處（遠東百貨 8 樓及 5 樓）、新竹 2 處（廣都百貨 B1、2 樓）、台中 2 處（千越百貨 B1 及 10 樓）、嘉義 1 處（遠東百貨 7 樓）、台南 2 處（南台戲院 B1 南台冰宮、國花百貨 6 樓國花大冰宮），與高雄 2 處（高雄地下街 B2 冰宮及 B3 輪場）。

不過在進入 90 年代後，台灣各地的金萬年冰宮即陸續歇業，最後，總公司所在的萬年 5 樓、7 樓兩處，也分別於 1996 年和 1999 年歇業，其中 5 樓隨即由湯姆熊歡樂世界於 1996 年進駐至今，其分店名稱則沿用了前身冰宮之名

「金萬年」。

最後，來聊幾個有關萬年的冷知識吧！

你知道萬年的三個門口是有名字的嗎？東側（臨西寧南路）的出入口為「西寧門」，北側（臨峨眉街）的出入口是「峨嵋門」，而西側（與昆明街平行）的出入口則叫「昆明門」。下回到萬年經過門口時，可別忘了抬頭看一下門的名字。

還有，你是否注意到萬年的電扶梯運行方向是會每天互換的，也就是說，你今天搭乘的上行電扶梯，明天就會變成下行的；如此的設定是為了讓位於電梯口的店家能平均分享到人潮，不過卻也因此令不少人每每走進萬年時，總是搞不清楚哪邊的電扶梯才是上樓的。所以，猜測哪邊的電扶梯可以上樓，就成了我逛萬年時的一個小小樂趣 ^_^

另外，電扶梯下行雖然只有到 B1，但其實萬年還有 B2 喲！必須搭乘西南角的升降式電梯才能抵達，該處最早曾是可供顧客臨停的停車場，但不知何時車道被封閉後，B2 就變成大樓管理處辦公室和垃圾集中場的所在，算是不對外開放的樓層。

物換星移，走過半個世紀，承載無數人青春回憶的萬年商業大樓，迄今依舊屹立不搖，是我心目中最最最能代表西門町的無敵地標！

13　西門町的老天祿

西門町的老天祿滷味遠近馳名，許多老饕都知道有兩家，一家在成都路叫「上海老天祿」，一家在武昌街叫「老天祿食品」（我最喜歡吃這家的辣脆腸），但卻罕有人清楚他們之間的關係，且聽我娓娓道來吧！

老天祿本店創立於清末民初的上海市浙江路。上海老天祿的創始人蔡毓根先生在年僅12歲時（1939年）就離開江蘇老家到上海打拚，當時蔡毓根的長兄任職於上海市「老天祿」本店，便安排蔡毓根在老天祿當學徒習藝。

1949年，蔡毓根因為國共戰爭而渡海來到台灣，在人地生疏、舉目無親的情況下，巧遇同鄉友人趙寶根與邵東壽，於是三人便集資合夥經營小型食品工廠；蔡毓根先生負責產品的製造與研發等技術面之工作，其他兩位則負責銷售等業務，在西門町合開了一間上海餅店，並沿用上海的「老天祿」招牌為名。

後來因為生意不錯，三人決定分家各自開業；蔡毓根創立上海老天祿食品公司，趙寶根以新天祿為店名，邵東壽則成立老天祿食品號。不久，趙寶根的新天祿即因經營不善而停業，而上海老天祿和老天祿食品號（後易主謝玉泉）則一直營運至今。

1956年，拆夥後的蔡毓根將「上海老天祿」開設在西門町紅樓戲院（今西門紅樓）前面的成都路12號南洋百貨隔壁；創建之初，蔡毓

根以拓荒者的精神，從零開始、踏實經營，憑藉創業的幹勁及一身好手藝，沒幾年就為「老天祿」三字樹立了名聲，口耳相傳的好評讓指名購買的顧客愈來愈多。

1959 年，因租約到期，上海老天祿往北搬到約 80 公尺遠的漢中街 119 號，並更名為「上海老天祿食品號」。

然而好景不常，1966 年 2 月 5 日的西門町一場大火，燒掉了蔡毓根十年來辛苦經營的心血，不過損失雖慘重，但幸得當時不少老顧客，包括台灣水泥公司董事長辜振甫先生等人的資助，讓蔡毓根能夠於同年 5 月以信用貸款增資成立「上海老天祿食品有限公司」，並在成都路 56 號復業。

2023 年 7 月 25 日，上海老天祿因買不成其店面所在的國有地，而再度搬遷，不過這回只往西移動三個店面，在成都路 60-1 號現址落腳營業。

然而，老店常會出現品牌上的紛爭，老天祿也不例外，但與一般家族分家的品牌之爭不同，一樣立足西門町的老天祿食品，雖和上海老天祿算是系出同門，但卻屬各闖江山的不同業者。

讓我們再回到 60 年代，當時分道揚鑣的劭東壽在台北市中華路與衡陽路口的新聲戲院一樓，開了一家和「上海老天祿」營業內容近似的店舖，名謂「老天祿食品號」。

一開始，源自上海的兩家老天祿所販售的食品都是上海糕點、糖炒栗子和金華火腿等北方口味，並沒有販賣南方流行的滷味；直到來自廣東的沈廣生向邵東壽承租小部分店面做起廣式滷味的生意，老天祿食品號的菜單上才開始出現滷味，而滷味比起糕餅，則更受在地消費者的青睞。

話說蔡毓根當年在上海的「老天祿」所學習的是茶點與糕點的製作，因此他所開的「上海老天祿」一開始就是專賣茶點與糕點，但隨著時

西門町這兩家老天祿的老闆我都認識，真心希望他們皆能永續經營，將拿手的經典美味世世代代傳承下去。

代的演進，這類食品的購買人口逐漸減少，加上出現不少人慕名（慕新聲戲院老天祿滷味之名）前來成都路買滷味，才發現這家老天祿沒有賣滷味。

蔡毓根之妻心想，既然人家要來買滷味，為什麼我們不賣滷味呢？於是便開始嘗試滷一些食品來賣；最早她是以整隻的雞鴨與大塊豬肉去製作，來賣給附近的上班族，但後來買的人愈來愈少，加上這類產品很佔空間，遂改販售體積較小的滷味，例如豆乾、海帶、雞腿、雞翅、鴨舌、鴨腸等，沒想到反應極佳，而且愈賣愈好！

90 年代初期，媒體出現香港明星劉德華迷上武昌街「老天祿食品」的鴨舌，每到台灣宣傳必定到西門町買來解饞的報導之後，大大打響了西門町老天祿的名號，也讓老天祿從此與滷味劃上了等號。

目前武昌街二段 55 號「老天祿滷味」（老天祿食品）的老闆謝玉泉在年輕時是新聲戲院一樓「老天祿食品號」的員工，他刻苦耐勞的客家精神贏得老闆劭東壽的信任，而將店鑰匙交給他負責開門與打烊。

邵東壽曾說，他會在對面的中華商場偷偷觀察員工的工作情形，結果發現一些與他同鄉的上海員工只要老闆不在，就會偷懶、聊天、嗑瓜子，只有「小謝」一直很認真地做事。

後來，當分租店面賣滷味的沈廣生決定結束生意時，一向省吃儉用而存了不少錢的「小謝」便向邵老闆表明欲承接滷味部的意願，讓他來繳納店租給戲院。於是，在邵老闆的首肯下，謝玉泉的滷味人生就此啟航。

當時看電影已成民眾娛樂主流，買滷味進戲院邊觀影邊品嚐的觀眾愈來愈多，謝玉泉回憶道，娛樂圈教母張小燕的媽媽正是新聲戲院老天祿滷味的常客。

70 年代中期，劭東壽舉家移民美國，謝玉泉便跟邵老闆買下了「老天祿食品號」的品牌使

用權，並頂下新聲戲院的店面繼續營業。

1976 年，謝玉泉又買下現在的武昌街店面，並於 1978 年在該處開設名為「新天成」的滷味店，這時候的謝老闆同時擁有中華路的老天祿與武昌街的新天成兩家滷味店。

1984 年，新聲戲院欲收回一樓店面並進行全面翻修，於是謝老闆決定把事業重心放在武昌街的新天成滷味。

由於不少老顧客在新聲戲院進行翻修暫停營業時，改到附近成都路上的「上海老天祿」去買滷味，以為兩家是同一個老闆的，殊不知武昌街的新天成滷味才是新聲戲院老天祿老闆所開的。面對這樣的狀況，謝玉泉立刻將「老天祿」三字註冊為滷味相關營業項目之商標，並將武昌街的「新天成」更名為「老天祿」。

1988 年 5 月 7 日，整修中的新聲戲突然發生大火，燒成了廢墟，新聲戲院自此走入歷史。（2002 年，該地改建成目前的商業大樓，即

錢櫃 KTV 中華新館的所在地。）

然而，謝玉泉在武昌街開設的「老天祿食品」雖改名自 1978 年開業的新天成滷味，但仍自稱是老天祿滷味的創始店；因此，成都路「上海老天祿」與武昌街「老天祿食品」的品牌之爭於焉展開。

「上海老天祿」在法庭上提出了昔日創立時的營業登記證、照片及其他相關資料佐證，而最後的判決則是雙方都可以繼續使用「老天祿」作為店名；成都路的「上海老天祿」仍繼續冠上「上海」二字來強調其正統性，並以「1949年創始店」自居，而武昌街的「老天祿食品」則在招牌「老天祿滷味」下方加註了一行「原中華路滷味專賣創始店」作為區別。

如今，西門町這兩家「老天祿」雖常出現顧客大排長龍的景象，但仍兢兢業業地經營著，雙方皆致力於經典美味的延續與傳承；不管您愛吃的老天祿是哪一家，都讓我們一起為他們加油吧！

肇建於 1856 年（清咸豐 6 年）的艋舺青山宮，坐落於台北市萬華區貴陽街二段 218 號，主祀青山靈安尊王，於 1985 年（民國 74 年）經內政部公告為國家三級古蹟，現為直轄市定古蹟。該廟自清領時期以來就是艋舺地區泉州三邑人的王爺信仰中心，每逢靈安尊王聖誕日（農曆十月廿三日）的前夕（農曆十月二十日至廿二日），皆會舉行隆重的祭典活動（暗訪與遶境），令整個艋舺地區熱鬧非凡，因此被稱為「艋舺大拜拜」。

佔地 184 坪的艋舺青山宮坐南朝北，格局為三開間三進兩廊，廟身與鄰屋毗連，前方緊臨鬧街，乃一縱深狹長之街屋。前殿為重簷歇山頂，簷間有「敕封大宋明神」字樣，明間華麗

精湛的八角形藻井，完全展現出泉州惠安溪底派匠師作風，門神秦叔寶與尉遲恭為國寶級的廟宇彩繪藝術師劉家正所繪，入口立面初為土木結構建築。

廟宇一大特色為細緻華麗的石雕，整體規模雖不大，但其藝術價值並不亞於附近的艋舺龍山寺，且奉祀之神祇十分靈驗，令艋舺青山宮足以和廣州街與西園路口的艋舺龍山寺及康定路與長沙街口的艋舺清水巖祖師廟，並稱艋舺三大廟。

1938 年（日昭和 13 年）重修時佐以花崗石與青斗石的石雕門面，石獅是典型日式風格，蟠龍石柱為謝萬來所作，石柱和石垺則源自台灣

神社所遺留石材。拜殿台基前方有雲龍御路，由於拜殿抬高台基與正殿同高，且拜殿屋頂與正殿硬山頂相連，更增添正殿巍峨宏偉的氣勢。

正殿神龕金碧輝煌，上方懸掛的匾額之中，以1954年（民國43年）賈景德所獻「固圉寧民」最為醒目，1882年（清光緒8年）福建補用同知何思綺所獻「神靈昭著」之年代最早，另外還有1889年（清光緒15年）魏建勳所獻「化險為夷」、1981年（民國70年）謝東閔（時任中華民國副總統）所獻「百世馨香」等諸多匾額。

後殿同樣雕樑畫棟，原為舊式殿堂，目前所見是1979年改建後的地下一層、地上三層之鋼筋混凝土結構樓閣式建築。

艋舺青山宮之建築因具歷史、文化與藝術價值，所以內政部在1985年8月19日公告其為國家三級古蹟，後於1997年4月因《文化資產保存法》進行第二次修法而被改為直轄市定古蹟。

廟方在2003年報請台北市政府文化局重修，由文建會分四年補助新台幣一千五百萬元，加上信眾集資，最終得以新台幣四千餘萬元，於2006年底完成修繕。

2013年11月19日晚間十點，艋舺青山宮因發生電線走火，致使前殿和左右過水廊的天花、鑿花、雕作等木構件受表層損傷，鎮殿的靈安尊王（二祖）軟身神像衣袍和鄰近十餘尊神將也遭波及；所幸得到台北市政府文化局補助新台幣一千多萬元，加上廟方籌得新台幣兩千多萬元，聘請最優秀的匠師與使用頂級材料，最終在2014年11月8日完成所有的修復。

艋舺青山宮主祀的靈安尊王，傳說原是三國時代東吳孫權之裨將張梱（ㄎㄨㄣˇ），於212年（漢建安17年）奉派駐守福建泉州惠安；生前勤政愛民的張梱，死後被葬於青山山麓，仍屢屢顯靈照護百姓，甚至幫助朝廷擊退敵軍，因而被敕封為靈安尊王，俗稱青山王。至於艋舺青山宮的創建，則和清咸豐年間發生在艋舺地區的一場瘟疫有關。

艋舺大拜拜「迎青山王」正日遶境，靈安尊王神轎回駕進廟的瞬間，總是令我感動不已！

1853 年（清咸豐 3 年），艋舺的「頂郊」泉州三邑（晉江、惠安、南安）人與「下郊」泉州同安人因長期的信仰、利益等衝突，發生了史稱「頂下郊拚」的分類械鬥，落敗的同安人帶著霞海城隍神像遷徙至大稻埕，並籌資建廟供奉之，亦即 1859 年（清咸豐 9 年）落成的霞海城隍廟。

然而一波未平一波又起，1854 年（清咸豐 4 年），尚未完全自械鬥砲火中平復的艋舺，突然又爆發了一場嚴重的瘟疫！於是一位來自惠安的漁民帶著眾人的期望匆匆返回福建泉州老家，將家鄉長年信奉的青山王神像請來艋舺，希望能借助祂的神威平息瘟疫。

就在青山王神像行經艋舺舊街（今西園路一段之貴陽街與桂林路間路段）之際，神轎突然變重下沉以致於無法繼續前進，經請示得知尊王想落腳該處以消弭疫情，遂暫立小祠奉祀；不少聽聞此事的罹病者陸續前來祈禱求助，結果病情竟奇蹟似地好轉，當地民眾見此神蹟便決定集資建廟，在 1856 年（清咸豐 6 年）於現

址動工興築廟宇，並在 1859 年（清咸豐 9 年）竣工落成，名謂「艋舺青山宮」。此後，威靈顯赫的青山靈安尊王便成了安定當地人心的重要宗教力量。

日治時期也有神蹟出現。1904 年（明治 37 年）鼠疫肆虐，某日廟方在靈安尊王神像的袖子裡發現老鼠的屍體，此後鼠疫日漸消退，民眾深信是神明顯靈護佑。

人們深信靈安尊王具有消除瘟疫的威靈，且與城隍爺同樣是掌理陰間法律的「司法神」，因此所配祀的神也相似，除了謝范將軍（七爺八爺），還有將人間縣衙巡捕官「神格化」的監察司、長壽司、獎善司、陰陽司、福德司、罰惡司、增祿司、速報司以及枷將軍、鎖將軍、八家將等。

艋舺青山宮在艋舺地區可謂深具影響力，於每年靈安尊王壽誕的前三天，都會舉行暗訪、遶境之「迎青山王」祭典，亦即一年一度的「艋舺大拜拜」，此乃艋舺最具地方特色的節慶活

動，令不少外國觀光客慕名而來。

迎青山王祭典之肇始，深受青山王消弭 1850 年代的瘟疫、蟾蜍精與 1904 年的鼠疫等傳說之影響；艋舺地區的泉州惠安移民，為感念青山靈安尊王顯靈除疫鎮煞，庇佑信眾度過種種天災和族群衝突，便在艋舺青山宮舉辦廟會活動來謝神；而年復一年的例行祭典，亦令青山王之神格愈加鮮明有力，於是，艋舺青山宮漸漸成為泉州三邑移民凝聚其社會力量的信仰中心。

迎青山王祭典從農曆十月二十日開始，為期三天；在祭典前夕（農曆十月十九日）會先迎請艋舺青山宮附近的艋舺清水巖清水祖師、艋舺龍山寺觀音佛祖、台北天后宮天上聖母等神尊，蒞臨艋舺青山宮作客與看戲；然後在農曆十月二十日、廿一日兩天，分別於南萬華、北萬華進行「暗訪」，以達到探查陰陽界、緝捕兇神惡鬼，和驅逐邪穢之目的。

所謂「暗訪」，是指神明在夜間出巡。民眾咸信「深夜問題多」，因為黑夜裡的人慾特別浮動，所以若可以請神明在夜間出巡，則更能察惡揚善、除暴安良。

青山王出巡的暗訪隊伍約於晚上六點多出發，每晚遶行半個萬華區，隨行護駕的部將（牛頭馬面、家將判官、七爺八爺）個個姿態威厲，加上鑼鼓喧天的陣勢，令邪惡瘴癘在大顯的神威之下無所遁形、一一被消滅！

為了恭迎青山王出巡，由艋舺青山宮公開卜選出來的爐主與頭家會在艋舺街頭搭建多處高掛燈綵的神壇，此外還有各種民間遊藝陣頭與樂隊共襄盛舉，而信眾也組成了浩蕩的隊伍隨香遶境；老少共濟一堂所洋溢的濃郁喜氣彷彿過年一般，因而讓迎青山王祭典有了「艋舺大拜拜」之別稱。

農曆十月廿二日的正日遶境是迎青山王祭典的重頭戲，參與贊境活動的單位也比暗訪大幅增加，但無須先至艋舺青山宮參禮，而是直接前往集合點，於上午十點出發。踩街遶行萬華

區全境的隊伍包括：報馬仔和土地公轎在內的頭陣、艋舺青山會、艋舺龍山寺、西門町的台北天后宮、其他境內暨各地交陪宮廟神轎和軒社陣頭、艋舺義軒社、艋舺鳳音社、艋舺義安社、艋舺義英社、儀仗隊、八將團，以及壓軸的靈安尊王神轎等，有時候藝陣數目可達兩百多個。

昔日（我小時候曾經歷過），遶境沿途的家家戶戶會擺設香案和供品祭拜，辦桌和流水席宴等，規模非常盛大轟動，俗稱「十月二二」或「艋舺大拜拜」，讓艋舺青山王遶境被公認是台北三大廟會之一（另二為大稻埕「霞海城隍祭」與大龍峒「保生大帝出巡」）。

在經過連續三天的迎青山王祭典後，於農曆十月廿三日的靈安尊王聖誕日，廟方會在廟埕為當天生日的靈安尊王舉行祝壽法會，一連串的祭祀慶典活動至此方告圓滿完成。

艋舺青山宮這項超過百年歷史的暗訪暨遶境活動，已於 2010 年 7 月 26 日經行政院文化部文化資產局公告登錄為中華民國無形文化資產民俗類，將永久予以保存。

南美咖啡、蜂大咖啡

西門町成都路上的「南美」與「蜂大」這兩家知名的老咖啡店，雖然皆說自己是創立於 1956 年，但事實上，卻都不是從這一年就開始賣咖啡的。

1956 年，王振富在台北市成都路 44 號開了一家名為「樂園麵包」的西點蛋糕店，之後他在 1962 年正式成立南美股份有限公司，並將店名改為「南美咖啡」，專營咖啡豆品之進口、烘焙與販售。

至於隔壁「蜂大咖啡」的故事，就複雜得多了。

同樣是 1956 年，曹志光接下家族的「蜜蜂大王」養蜂移植出口業務，創立了「蜂大食品行」（所以蜂大這名字確實和蜜蜂有關），並在成都路 42 號自宅設店營業。

60 年代初，有一回曹志光趕船移蜂至馬來西亞，途中不慎令蜜蜂受到驚嚇，結果上萬隻蜜蜂瞬間湧向沒穿防護衣的曹志光！慘遭大量蜂螫的曹志光在醫院待了好幾天，才把命給救回來，從此家裡便不准他再養蜂。曹志光將店收掉後，把房子租給了一家服裝店。

幾年後，曹志光聽從親友的建議，決定移民美國，並脫手在台灣的所有財產。孰料就在他想舉家遷徙之際，經營服裝店的房客竟然因為生意好而不肯搬走，身為房東的他只好找律師打官司，最後雖打贏了官司，但條件是這房子必

台北天后宮對面有兩家並肩走過一甲子的懷舊咖啡廳，
是西門町的知名老店。

須得自用。

原本想要出清財產，結果卻變出一個燙手山芋，房子不僅無法出售，還只能夠自用！無可奈何的曹志光突然靈光一現，想到以往自己每次出國時，親友總會託他買國外的咖啡豆與沖煮咖啡的器材；既然自己愛喝咖啡，又熟悉進口咖啡的管道，曹志光便決定留在西門町這棟只能自用的房子，重新掛上「蜂大食品」的招牌，開始賣起了咖啡豆、咖啡機、咖啡，以及搭配咖啡享用的糕餅等餐點。

後來，為了和隔壁的「南美咖啡」互別苗頭，蜂大食品行便將招牌換成了「蜂大咖啡」；從此，台北天后宮對面這兩家咖啡店在成都路上並肩同行了數十個年頭，成為西門町別有風情的老宅式懷舊咖啡廳。

16 生生皮鞋 ————————————

生生皮鞋（Sun Sun Shoes）源自 40 年代創立於上海浙江路的「上海帽店」，其東主為徐一壽、徐一祥、徐一發三兄弟，主業為帽，副業為鞋，有名於時。

二戰結束後，徐一祥與徐一發奉大哥徐一壽之命來到台灣開拓市場，在台北市北門口成立了上海帽店的分店，但台灣炎熱的氣候令帽子滯銷，於是原為配角的皮鞋便一躍成為主角，由徐一祥另創品牌「生生皮鞋」販售之。

1951 年 5 月 6 日，北門口「上海帽店」擴充二樓商場所開設的「生生皮鞋廠」正式開幕。當天刊登在《台灣新生報》頭版的廣告這麼寫著：

開幕八折　大特價
涼蓆　草帽　皮鞋
大量集中　大量犧牲
歡迎試樣

這間台灣第一家「生生皮鞋」門市，就開在昔日北門平交道南側的一棟二層紅磚屋裡，它的對面是舊台北城的北側城門「承恩門」，當年高掛牆外的一塊兩層樓高的巨大皮鞋底，讓路過的人很難不多看一眼，也因此對「生生皮鞋」留下深刻的印象。

據文史專家莊永明老師所述，生生皮鞋十分講究店頭布置、招牌設計與廣告宣傳，一句「生生皮鞋南北六家，請大家告訴大家！」的宣傳

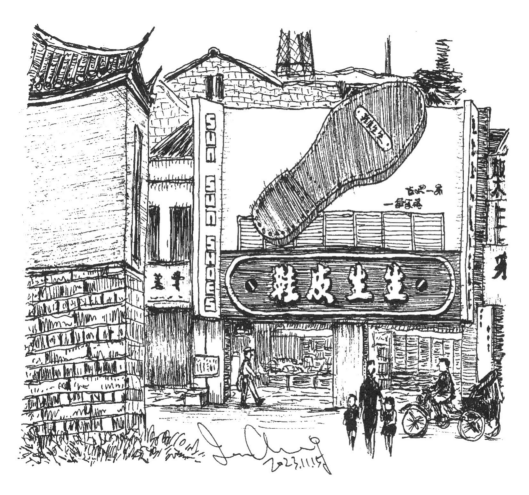

昔日北門口「生生皮鞋」創始店外牆上的巨大皮鞋底超吸睛！廣告效果極佳。

詞不僅大家朗朗上口，其中「請大家告訴大家」這句甚至還被各行各業所引用；另外像是「堅利可靠，到處聞名」、「南北六家，一樣漂亮一樣好」、「企造足下美好」與「白皮鞋來了」等口號，句句響亮有力！深植人心。

生生皮鞋對於製造賣點亦十分擅長，曾推出「對號還本」、「對色還本」以及「電燈泡輪盤抽獎」等促銷花樣，而當凌波與樂蒂主演的黃梅調電影《梁山伯與祝英台》（1963 年 4 月首映）風靡台灣時，生生皮鞋便順勢推出主題為「梁山伯的遺憾」的平面廣告；其內容提及梁山伯在得知祝英台是女兒身之後，匆忙趕往祝家莊，可惜他腳下穿的那雙厚底靴子不夠輕快，耽誤了行程，結果待他抵達祝家時，祝英台已被馬文才捷足先登，倘若他在趕路時腳上穿的是「生生皮鞋」，就不會有此遺憾了！

1950、60 年代，生生皮鞋的鋒頭橫掃整個台北市，不管是台北火車站的樓梯、中華商場的天橋，抑或是路口的地下道階梯與路邊的公車站牌，處處可見「請大家告訴大家」的廣告。後

來，生生皮鞋陸續在新竹、台中、台南、高雄等地開設分店，令知名度迅速蔓延全台。

在那個年代，生生皮鞋的「高級品」形象深植人心，例如林白出版社創辦人林佛兒先生於 1965 年（24 歲）得到第一屆葡萄園新詩獎的肯定時，所獲獎品就是生生皮鞋的 600 元禮券；此外，當時不少人在過年或面臨人生重要場合時，也會選購生生皮鞋來表示慎重。

戰後中央政府遷台，工商大興、經濟起飛，人在台灣的徐一祥和徐一發兄弟倆，攜手締造了「生生皮鞋」的光輝歲月，而留在上海經營「上海帽店」的大哥徐一壽，則經歷了三反五反運動、三年大饑荒與文化大革命，帽店榮景不再。

三兄弟於暮年在香港重聚，並一同移居美國，徐家在上海的資產歸於共產，台灣的六家生生皮鞋店則是轉讓給各家店經理去營運；當么弟徐一發於 2013 年 5 月 25 日駕鶴西歸（享壽 96 歲）之際，徐家三昆仲皆已不在人世。

行天宮，又稱恩主公廟，主祀關聖帝君，是北台灣香火鼎盛的廟宇之一。目前行天宮共有三座，依成立先後順序為北投行天宮、三峽行修宮，與台北行天宮，三者合稱「行天三宮」，並以台北為本宮，另兩座為分宮。

1943 年（日本時代），郭得進（空真子道長）及師兄弟於台北市永樂町（今迪化街）一處民宅的三樓設立「行天堂」，敬奉從覺修宮（大龍峒仙公廟）分靈而來的五聖恩主：關聖帝君（關羽）、孚佑帝君（呂洞賓）、岳武穆王（岳飛）、隆恩真君（王天君）、司命真君（張灶君），並主祀關聖帝君。當年，居住於台北縣海山區樹林鎮（今新北市樹林區）的基隆煤礦業主黃欉（1911-1970）得三兄黃新火引介，而與「行天堂」關聖帝君結緣，成為聖門弟子，道號「玄空」。

1945 年，三峽「白雞」、「海山」二坑煤礦附近瘧疾肆虐，黃欉為地方百姓向行天堂壇主空真子道長請益，而得到關聖帝君聖允；由空真子道長請出行天堂關聖帝君神像讓黃欉迎回膜拜，黃欉遂在煤礦會社辦公室闢一靜室創設「行修堂」（其位置即今三峽行修宮之明德堂所在）奉祀之，並供鄉里參拜；不久，疫情即告平息，關聖帝君威名就此遠播。

然而，位處三樓的「行天堂」對不良於行的年邁信眾來說並不方便，於是黃欉在 1949 年買下了台北市九台街（今林森北路、民權東路交

又口一帶）一處從日本時代留下來的齋教鸞堂及其附設土地公廟，並於上創建了「關帝廟行天宮」，此即台北行天宮之前身；該廟吸引許多香客朝聖，鼎盛的香火甚至令周邊衍生出多達 250 戶的違建。

1956 年，黃欉計劃在北投嘎嘮別山與三峽白雞山兩地整建主祀關聖帝君的廟宇。

1958 年，行天宮開山第一任住持空真子道長逝世，廟方欲在建構中的北投行天宮之旁邊空地蓋一間崇德堂來奉祀祂；此時應眾師兄弟推舉而榮膺行天宮第二任住持的黃欉（玄空道長），則毅然決定放下礦場事業，全心擘畫北投行天宮，把原計劃的一殿式擴建為三殿式，地址為今台北市北投區中央北路四段 18 巷 50 號。

1960 年 8 月 12 日，北投行天宮後殿慶成，舉行安座典禮。

1962 年農曆 4 月，三峽關帝廟行修宮興建工程

動土，地點在今新北市三峽區嘉添里白雞 155 號。

1964 年農曆 8 月，北投行天宮之崇德堂（用以奉祀空真子道長）竣工。

1965 年 12 月 6 日，三峽行修宮落成，舉行慶成典禮。

而早在 1960 年代初期，黃欉就已有把位在鸞堂的台北行天宮原地擴建為廟宇的計劃，但計劃趕不上變化，這一片廣達兩千坪的私人用地，被教育部於 1966 年推動九年國民教育（從 1968 年 9 月開學的 57 學年度開始實施）時，改劃為國民中學預定用地；幾經交涉之後，台北市政府採取「以地易地」的方式，讓地主黃欉以九台街的私有地交換當時仍為瑠公圳末梢支流、沼澤的公有地。

在取得西新庄子（今民權東路與松江路口東北角）的土地後，黃欉商請已有興建多處廟宇經驗的造廟匠師廖石成進行台北行天宮之設計與

70年代在台北行天宮外圍，常可見到小童攔車推銷香燭的景象。

施工，並於 1968 年 1 月舉行慶成典禮。黃欉將其主導興建的三座關帝廟合稱「行天三宮」；台北行天宮為本宮，北投行天宮與三峽行修宮則屬分宮。

1969 年 8 月，詹出錐奉命在台北行天宮舊址籌辦新興國中並擔任第一任校長，由國宅會發包興建校舍。詹校長協商遷移當地所有民宅，並安排土地公廟遷到校址的東南角。這年入學的第一屆新生，先暫借早一年（1968 年 8 月）成立的民生國中校舍上課，一年之後（1970 年 7 月）才返回竣工落成的新興國中校舍上課。

1970 年 12 月 18 日，行天宮第二任住持玄空師父（黃欉）逝世，享壽 60 歲。

回想 70 年代，台北行天宮的入口前，總是聚集著一批機動「小」販；這些孩子的個頭雖小，做起生意卻是個個肯跑肯搶，賣力得很！許多搭車前來進香的善男信女經常車還沒停妥，就已被兜售香燭的孩子們給包圍了；由於來往這個路口的車輛甚多，他們奮不顧身搶生意的景象，真是令人不禁捏把冷汗！

根據統計，台北行天宮每年有超過六百萬人次到訪參拜，即使減少燃香量還是會引發附近居民及信眾的身體不適，加上進口的香摻雜了不少化學成分在內，燃燒之後恐會影響身體健康，因此在經過兩年的討論並向恩主公（關聖帝君）請示後，廟方決定自 2014 年 8 月 26 日起，將行天宮台北本宮、北投分宮與三峽分宮同時撤除香爐及供桌，以節約資源、保護環境，同時落實玄空師父所提倡的修德與問心敬神之理念；行天宮鼓勵信眾參拜時雙手合十，以道德心香取代線香，虔誠祝禱即可上達天聽，而且不須準備任何供品，只要心誠禮敬、問心修德，便能得到神明的護佑。不過，廟裡的効勞生阿嬤仍會持香進行收驚儀式。

高峯百貨　

茶農之子高清腦（後來改名為高誠龍）早年在石碇種茶，於台北大稻埕買賣茶葉發跡。1963年，高清腦接下家族事業「高峯茶葉」，同時擔任台北市製茶公會理事。1973年，高清腦赴日考察，決定將日本的量販店銷售模式引進台灣。

1975年，以批發茶葉起家的高清腦，依循日本量販店模式創立了高峯百貨，專賣日本進口之百貨五金，為台灣首家採會員制的量販式百貨；高清腦曾表示，自己希望每個台北市民手中都能有一張高峯會員卡。

1976年4月23日，坐落在台北市南京西路442至448號（近西寧北路）的「高峯百貨超級批發商場」正式開幕。

當時，高峯百貨在開幕廣告中自稱「全國首創第一家百貨批發總匯」，並強調「超級商場、廠價批發、縮短產銷之距離、提供新產品發展市場」，商場內採用超級市場專櫃陳列，販售商品包括：男女時裝、童裝、內衣褲、毛衣、皮革製品、日用品、裝飾品等，營業時間為每天上午9:00至下午5:30，星期例假日及國定假日休息，須憑「採購卡」才能進場。

很快地，高峯百貨以會員量販價打出名號，其亮眼的成績引發國內業者爭相仿效，紛紛設立量販或批發式的大賣場，但大多數都在90年代因國外量販業者大舉入境而黯然收場。

台北拾遺 Sweet Taipei*

085

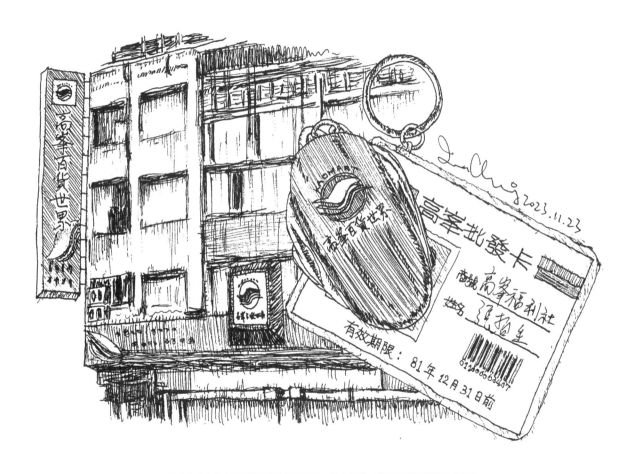

1976年在台北市南京西路底開業的高峯百貨，是台灣第一家採會員制的量販式百貨。

1976 年至 1983 年，高清腦的長子高大川擔任高峯百貨總經理。

1992 年，高清腦的次子高大峯與胡定吾、第一飯店等合資的財洋公司創立「大峯百貨」，之後改名為「大行家批發」。

高峯百貨於巔峰時期在北北基共有九家分店，年營業額高達 32 億元。我印象最深的是位於台北市承德路三段 210 號有 7 層樓的分店（隔壁 216 號是大成報），我在 90 年代初就讀文大的時候，常會搭公車經過。

然而，就在國外量販店（萬客隆、家樂福、好市多、吉安、特易購）於 80 年代中至 90 年代末陸續被引進台灣市場之後，策略定位不明的高峯百貨可說是每況愈下，資金缺口愈來愈大。

2003 年 4 月，高大川再度回任高峯百貨總經理。同年 6 月，高清腦將總經理一職交予次子高大峯，並宣佈大行家批發併入高峯百貨。

2003 年 11 月 26 日，負債逾新台幣 12 億元的高峯百貨宣告倒閉。同年 12 月 2 日，剩餘的五家高峯直營店全數歇業。

2005 年 5 月 26 日，台北地檢署將高清腦及其次子高大峯與媳婦高熊碧雲依背信、業務侵占等罪嫌起訴。

2006 年 3 月，高清腦轉投資的中國本草世界茶葉在香港、中國尋求經銷商。

2011 年 9 月，高大峯返台處理訴訟。

2014 年 2 月 6 日，台北地檢署依背信及業務侵占罪起訴已改名為高仲宏的高大峯。

起訴書指出，高仲宏原名高大峯，與父親高誠龍（原名高清腦）、胞兄高大川等人共同經營高峯百貨公司，總經理一職由高仲宏、高清腦、高大川等人輪流擔任。

高仲宏擔任高峯總經理期間，另籌組財洋公

司，擔任董事長兼總經理，其妻高熊碧雲則擔任財洋公司董事兼協理。財洋公司另成立大峯百貨，與高峯同為百貨量販店，但其銷售貨品均由高峯供應。

高仲宏明知財洋公司長期積欠高峰貨款亦無力清償，已嚴重影響高峰百貨營運，但仍指示財洋公司賒欠貨款 527 萬餘元。

另外，高仲宏與高熊碧雲夫婦於 1999 年 3 月至 2003 年 9 月，連續指示財洋公司之財會人員將財洋公司的資金匯入高熊碧雲的帳戶，供她買賣股票及繳納房貸之用，共計 58 筆，侵占金額高達 982 萬 8,653 元。

檢方原本依偽造文書等罪起訴高仲宏，高院判決無罪，但認定高仲宏這部分犯行，涉及背信，向檢方告發。至於高父高誠龍、高妻高熊碧雲均因涉背信罪，分別遭判 9 個月與 6 個月徒刑確定。

2015 年 7 月 27 日，台北地方法院判決高仲宏（高大峯）無罪，判決文指出「本案之偵查發起，與調查過程，人為斧鑿之痕跡甚深；高大川、高誠龍之證詞恐各有所圖而為避究，難認全然可採。」，於是台北地檢署提出上訴。

2015 年 12 月 23 日，高等法院駁回台北地檢署之上訴，高仲宏（高大峯）遭起訴的三個官司皆無罪定讞。

見證了大稻埕繁華過往的大千百貨，可說是台灣本土自營百貨商場的鼻祖，被登錄為歷史建築後，其建物原始立面得以完整保留下來。

1960、70 年代的台北市延平北路上，銀樓、布行、糕餅店林立，那時候要結婚的台北人，大多會到這一帶來採購；而於 1970 年 4 月 17 日下午 2 時隆重開幕的大千百貨公司，就坐落在延平北路與南京西路口（地址為台北市延平北路二段 5 至 11 號），該處乃大稻埕地區曾經繁華一時的重要地段。

大千百貨公司的董事長陳永川原本在延平北路二段 11 號開設西裝百貨「新和泰股份有限公司」，員工不到 30 人；時任台北市西北區扶輪社長的陳永川有感大稻埕一帶在戰後發展緩慢，加上當地商家的營業作風多不求實際，價格波動亦大，他深知若想永續經營，必須有所改變。

為了重振大稻埕榮景，陳永川登高一呼，聯手隔壁的綢布、日用品等零售店，經過一年多的籌備，將五家商行集合成為一家綜合性的大型百貨公司，名謂「大千」，盼能提供大千世界中的各樣商品，方便民眾一次購足所需。

陳永川表示，為了講求不二價，並為消費者作最佳的服務，他們除了訂立統一價格外，並不作任何誇大的宣傳來吸引消費者，希望以「貨真價實」為消費者供應稱心的貨品。

開幕那天，大千百貨公司特地邀請到當紅影視雙棲紅星楊麗花小姐前來揭幕剪綵，現場人山人海，擠滿了爭睹歌仔戲天王風采的民眾，使得附近的交通一度大打結；當日受邀參加開幕典禮的有工商界人士林挺生、林永樑、高湯盤及沈華德等百貨同業五百多人。

開幕時在報紙廣告上自稱「台北市北區最大百貨公司」的大千百貨公司，雖然只有三層樓的高度，但橫跨五個店面的規模，遠遠超過一般商家，外觀極為氣派；其內部則設置了電扶梯等新穎設施，吸引不少中南部民眾特地前來參觀，曾風光一時，與中華路的第一百貨（1965年 10 月 5 日開幕）以及寶慶路的遠東百貨（1972 年 1 月 18 日開幕）齊名。

樓高三層、佔地八百餘坪的大千百貨公司，內有員工三百多人，一樓除了販售高級化妝品與百貨類商品外，還設有超級市場，二樓主要販售衣料、時裝、皮鞋與飾品，三樓則有豪華餐點部以及販售電器、文具與玩具之櫃位。

陳永川的孫女陳怡如回憶道，她爺爺為了避免客人電話打不進來，特地將大千百貨的服務電話開了七線，並安排七位客服小姐負責接聽電話，以客為尊的服務態度由此可見一斑；另外，陳永川還請人訓練出一群專業又美麗的美容師，為大千百貨的化妝品銷售創造出驚人的業績，他後來更創立奇士美化妝品，業績好到讓國稅局不時前來查帳。

可惜後來因為台北商圈東移，大稻埕日漸沒落，老字號的大千百貨最終在 1990 年歇業，結束了短短 20 年的光輝歲月。

2005 年 7 月 25 日，大千百貨被台北市文化局登錄為歷史建築，並進行修復（2013 年竣工），為當地的發展歷程留下雪泥鴻爪。其登錄理由有兩點如下：

一、建築位於大稻埕地區曾經繁華一時的重要地段，屬於五坎式的大型街廓建築，為簡潔的現代主義形式，且保留日治延平北路典型的立面形式。

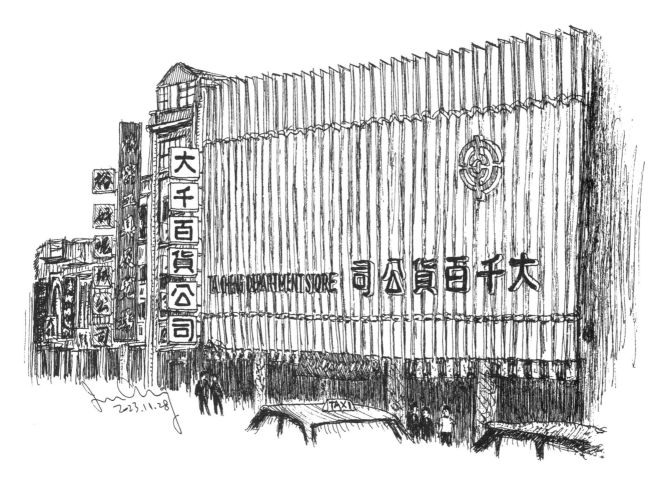

1970年開幕的大千百貨公司，屹立大稻埕二十載，見證當地商圈的繁華一時。

二、符合台北市市定古蹟指定暨歷史建築登錄作業要點第 18 點第 2 款「具歷史文化意義，足以為時代表徵者」、第 3 款「表現地域風貌或民間藝術特色者」及第 5 款「具建築史上之意義，有再利用之價值及潛力者」之規定。

不過，登錄名稱雖為「大千百貨」，但修復後之外觀並非昔日大千百貨公司營業時的模樣，而是呈現了日本時代（1928 年落成）的亞細亞旅館（亜細亜ホテル）時期之原始建築風貌。

清代在台北城寶成門（西門）以西的城外不遠處，設有簡易市集和一大片墳場，1895 年日人統治台灣後，決定重整這一帶的墳地以利移民居住；由於埋葬的不只是東方人，還有不少西方人（台灣在 17 世紀曾是荷蘭與西班牙的殖民地），日人為了鎮壓亡靈與避邪，將東方的八卦與西方的十字架融入建築設計，興建了作為市集之用的八角樓和十字樓，名為西門市場，即今之西門紅樓。

日人除了將八角樓的正門設在象徵鬼門的東北方，還在一旁設置了可供祈福與祭祀的神社。戰後，西門市場被改造為紅樓戲院，在開挖附近地基時，即發現了為數不少的骨骸，而當北市府於千禧年重新整頓西門紅樓一帶之際，亦發現了兩塊記載中文人名的墓碑，在在證明了該處曾是墳地。

接下來，就讓我們從百餘年前台灣的日本時代展開之時，一路回顧西門紅樓的歷史吧！

1895 年 5 月 8 日，大清帝國與大日本帝國簽署的《馬關條約》生效，台灣開始進入日本時代，於是有大量的日籍移民進入了台北城。當時台灣總督府考慮到台北城內的建築分布，以及艋舺、大稻埕等地已成形的街市地緣，便將清代台北城西門附近的空地規劃為日人的居住處所；該地之區劃包括末廣町、新起町、大和町、乃木町、築地町、壽町、濱町、泉町（即今中華路一、二段兩側及西門町徒步區一帶），台

灣總督府並於 1986 年在西門旁新闢的「新起街」以構造簡單的木造房舍設置了市場，以供應當地新移民生活所需物資。

1900 年，台灣總督府根據第一次市區改正計劃裡的「台北城內市區計劃」，將台北城四周的護城河全部填平，並把城垣至護城壕間的空地規劃為公園，同時拆除妨礙道路貫通的城牆，而西門就是在此時被夷為平地。

台灣總督府在市區改正過程中順利拆除了台北城牆與西門之後，便於 1907 年委託知名建築師近藤十郎來興建西門市場，盼能提供機能更加完善的設施，以替代既有的木造市場。

1908 年 12 月 20 日，位於今台北市萬華區成都路 10 號的「西門市場」正式落成啟用，當年因其坐落在新起街，也被稱作「新起街市場」，和 1907 年成立的「千歲町市場」（南門市場前身），以及同日在新起街與西門市場共同舉行落成暨啟用典禮的「大稻埕市場」（1933 年更名為永樂町市場，為永樂市場前身），都是台北最早新興的公有市場。

如前所述，西門市場的建築包括了代表八卦意象的八角樓（立面為 8 公尺乘 8 公尺的八角形兩層樓紅磚建築，當地居民稱之市場八角堂）和代表十字架意象的十字樓（直約 65 公尺、橫約 45 公尺，內部寬約 15 公尺的一層樓磚壁木頂建築），其入口開在象徵鬼門方位的八角樓東北面。

八角樓的屋頂為八角形，外部共有八面牆，每面牆裝置了八扇窗以及突出三角形山頭的女兒牆，每座山頭上均開有「老虎窗」；牆體以紅磚砌成，外牆則砌成清水磚，以洗石子仿石作橫帶裝飾，而最上方的兩條與窗上平拱之拱心石相連，形成視覺強烈的裝飾帶。

八角樓內部採用鋼筋混凝土構造的八角形樑柱系統，上方為鋼鐵支架撐起的八角形屋頂；其空間配置包括一樓入口大廳、分居八個角落的八間小店鋪，與二樓的八角形大廳，總樓地板面積為 412 平方公尺。

從此，西門市場成為當地日本移民的主要消費市場，其中十字樓部分為傳統菜市場，八角樓一樓共八間小店舖主要販賣休閒文教用品與西藥等用品，八角樓二樓則販售台灣土產、明信片與日本土產。之後，西門市場週邊又陸續增建了多處的私人平房、店舖與攤子。

最初，西門市場與其北側道路（今成都路）之間有條排水溝。1910 年 3 月，木下新三郎、三好德三郎等日本商人為了繁榮西門市場，提議在市場旁設立神社，他們表示官幣大社「台灣神社」（位於今圓山大飯店所在地）坐落在遠處的郊外，若是能在市區內興建神社，則可方便當地居民朝夕參拜。

於是，他們擬議自艋舺粟倉口街（今西園路與桂林路口一帶）的豐川稻荷社（日本佛教曹洞宗系統的稻荷社）「分靈」，在鄰近八角樓北側處興建稻荷神社，名為「穴守稻荷神社」，並於 1910 年 11 月 29 日舉行「地鎮祭」動工興建；其建材大部分源自日本內地，一小部分則取自當時台灣神社修繕時汰舊不用的建材，

至於在東京穴守神社本社獲「分靈」許可的「御靈代」，則先暫放於台灣神社。

1911 月 2 月 11 日上梁儀式當天，神社名稱被正式改為「台北稻荷神社」。同年 6 月 25 日上午，台北廳長與神職人員先自台灣神社請出神座，再到台北稻荷神社舉行盛大的「鎮座式」，並在當天下午舉行大祭。

台北稻荷神社主祀倉稻魂命（掌管財富、守護農業生產和民眾生命之神），信奉者多為日籍商界人士；神社前方置有石雕狐狸，為稻荷神社的守護獸。起初為「無格社」的台北稻荷神社，因位在市場旁，附近又是熱鬧的商圈，香火十分鼎盛，曾於 1926 年向台灣總督府申請改名為「台北神社」但未果。1930 年，台北稻荷神社進行修繕與社務所改建工程。

1937 年 11 月，台北稻荷神社終於成功升格為「鄉社」，成為台灣第一座升格為鄉社的神社，不過神社名稱不變。二戰末期，1945 年 5 月 31 日，台北稻荷神社局部毀於美軍的空襲。

從高處俯瞰西門紅樓，可以看見它外顯的八卦與十字架造型。

戰後，台北稻荷神社和台灣各地大多數的神社一樣，遭到抗日新政權下令拆除。後來，北市府在神社遺址蓋了一棟三層樓的建築，地址為成都路 12 號；裡頭曾經開過南洋百貨公司、A&W 艾恩堡（1986 年 2 月 22 日開幕）、Tower Records 淘兒音樂城（1992 年開幕，2003 年 11 月歇業）、NET 服飾（2003 年底進駐，2016 年 11 月 27 日搬走），以及 2017 年 5 月 20 日開幕的 Jordan 西門町店。

西門市場所在的八角樓和十字樓在戰後被政府接收。1948 年，有上海商人看上八角樓寬闊的空間，遂向政府租下，並成立了「滬園劇團」。1949 年 3 月 14 日，進駐八角樓的「滬園劇場」開幕，並於同年 5 月改名為「滬園茶室」；演出內容除了傳統的說書、戲曲外，還有滑稽戲、奏大鼓與變魔術等表演，然而就在同年 10 月，滬園茶室即因播放「黃色流行歌曲」被勒令停業。

1949 年 12 月，滬園茶室更名為「大眾劇場」重新開幕，以越劇、京劇為主要表演節目，偶爾會有話劇演出。

1951 年 9 月，大眾劇場改稱「紅樓劇場」以呼應其建築外觀，此乃「紅樓」二字首次出現在這座八角樓的招牌之中。

除了劇場，紅樓內亦開設了書場與歌廳；當年原在螢橋演出相聲的吳兆南與魏龍豪來到紅樓書場演出，一起搭檔的有趙如明、張麗珠、侯瑞亭、王敬宇等人。而在螢橋經營露天歌場的一些老闆，為了不想讓生意受到天氣影響，也開始轉往西門鬧區一帶開設室內歌廳，於是紅樓歌廳也成了紅牌歌星的駐唱地。

1953 至 1958 年間，包括越風劇團、凱歌越劇團、慈光越劇團與自由越劇團，在紅樓劇場長期演出越劇。

50 年代中期，台灣電影業蓬勃發展，帶動了西門町觀影的人潮，於是紅樓劇場在 1958 年轉型為電影院，名曰「紅樓戲院」；最初專映西片，在 1959 年暑期放映國片《江山美人》

之後，便改為專映國片。

70 年代，西門町的戲院如雨後春筍般湧現，最多時曾超過 30 家，而設備缺乏競爭力的紅樓戲院為求生存，在 1976 年改專映二輪外國片，甚至還在正片之外加映色情片以吸引觀眾進場。

由於地理位置和男同志交友熱點「台北新公園」（二二八和平公園前身）相距不遠，紅樓戲院在 80 年代開始受到男同志的青睞，成為其約會的熱門場所，但也因此讓單純想看電影的人對紅樓戲院卻步。

1986 年，台北市政府工務局都市計劃處在「忠孝西路、中華路、長沙街、環河南路所圍地區的都市計劃細部檢討案」中，擬定拆除紅樓戲院及其周邊之後興建大樓，同時在其地下興建超越峨嵋立體停車場規模、擁有 700 多個車位的地下停車場。

1991 年，生意每況愈下的紅樓戲院關閉了二樓影廳，僅剩一樓對外營業。

1994 年，包括樂山文教基金會等文化團體開始關注紅樓戲院的發展，要求政府將該它收回並進行整修維護。1994 年 11 月 27 日，台北市政府都市發展局的蔡定芳局長在樂山文教基金會主辦以保存紅樓戲院為訴求的《紅樓夢、西門情》活動中登台表示，紅樓戲院在台灣電影的發展史上佔有重要地位，所以北市府決定將之保留，絕不會拆除它。

1996 年 6 月，紅樓戲院租約到期，台北市政府收回建物，這座紅磚造八角樓身為電影院的 38 年歷史（1958-1996）就此畫下句點。

1997 年 2 月 20 日，內政部認定紅樓戲院所在建物有保存價值，遂將之指定為第三級古蹟（1997 年 4 月改為市定古蹟，2000 年 1 月再改為直轄市定古蹟），並定名為「西門紅樓」。

1999 年 6 月底，台北市政府開始大幅整修西門紅樓的內部，同時將它定位為「電影博物館」，

但由於週邊的西門市場的改建計劃遲遲未能定案，整修後的西門紅樓仍持續閒置。

2000 年 7 月 22 日凌晨，身陷「攤商希望改建」與「學者希望納入古蹟範圍」角力間而命運未決的十字樓莫名發生火災，八角樓雖未被嚴重波及，但十字樓的非磚造部分與周遭兩百多個攤位，在一個半小時內被大火燒個精光。

2001 年 5 月 3 日，台北市政府動工拆除遭祝融肆虐過後的西門市場，只留下十字樓所倖存的紅磚建築骨架。同年 8 月 26 日，十字樓的修復整建工程正式開工，在平面上仍延續原十字樓風貌，但因應現代之需求，而垂直增建為二層樓高，屋頂則鑲以玻璃，並局部開挖地下室作為水電、消防等機電空間。

2002 年 7 月 26 日，西門紅樓以「紅樓劇場」的嶄新面貌重新開幕，同年 8 月 2 日邀請鼓霸樂團演出。這一年，紙風車文教基金會扛起「紅樓劇場古蹟再造」之重任。

2002 年 11 月，完成修復的十字樓重新對外開放，但原屬一體的八角樓與十字樓卻是分由兩個單位來管理；身為市定古蹟「西門紅樓」的八角樓由台北市文化局主管，十字樓和南北廣場則是由台北市市場處負責管理；由於兩個單位各行其事，導致規畫步調不一，於是經營上的問題漸漸浮現。

2003 年 7 月 3 日，有 67 家攤商進駐的十字樓展開試賣活動。在台北市建設局的協調下，十字樓在 2004 年 10 月 24 日以「一七七時尚美食館」之名重新開張，一樓提供餐飲，二樓販售牛仔褲、球鞋等百貨精品。

2007 年 11 月，在紙風車的租約到期後，台北市文化基金會同時接管八角樓與十字樓，並把紅樓劇場更名為「西門紅樓」，以將其打造為台北西區的指標性景點為主要經營目標。

2008 年 8 月，西門紅樓在邁入 100 歲之際，呈現了嶄新的風貌；八角樓的一樓是綜合性展覽場地和餐廳、賣場，二樓是可供劇團演出或舉

台北拾遺 Sweet Taipei

辦活動的劇場，至於十字樓則變成文創場所。

十字樓的西半段由 Live House 經營團隊進駐，成為「河岸留言」西門紅樓展演館（大河岸），內有 300 坪空間、500 個座位，於 2008 年 8 月 28 日正式開幕；十字樓的東半段則隔成 16 間小型工作室，由通過官方評選的文創業者進駐營運，並將商場定名為「16 工房」。

2016 年 1 月 6 日，歷經將近一年時間改裝的「16 工房」以生活文創百貨之姿重新開幕，兩個樓層共有 23 家店鋪、47 個中型台灣文創品牌。

2016 年 8 月 8 日起，西門紅樓進行八角樓古蹟修復工程，八角樓在整修期間不對外開放，但十字樓內的「16 工房」仍正常營業。

2018 年 2 月 12 日，八角樓古蹟修復工程竣工。

西門紅樓自 1908 年啟用迄今已逾百年歷史，從公有市場到展演場所，歷經來自不同地區多元文明的洗禮，在歷史、文化與商業並陳之下，總能表現出豐饒的現代化意象，不僅反映了西門町的世代更迭，更是社會動盪變遷的縮影，值得我們去細細品味。

還記得小時候在學校拿到的這本存摺嗎？封面印著一個男孩戴學士帽穿西服的淺綠色「學生儲金簿」，是台灣許多五、六年級生的共同兒時回憶，也是其人生中的第一本存摺。

回溯「學生儲金簿」的歷史，要從 1970 年談起，當年財政部長李國鼎推出了多項財政改革方案，包括為推動國民儲蓄運動而成立了「中華民國加強儲蓄推行委員會」（簡稱儲委會），用以推廣學生儲蓄教育，讓學生養成節約之習慣。

1971 年，中華郵政為配合推廣國民儲蓄運動，設立了「學校實習儲金局」來鼓勵兒童及青少年儲蓄；當時各級學校須自行指派專人負責儲金業務，學生僅需一張拾圓鈔票即可開戶，並獲得一張三折頁形式的儲金簿，供專人記錄其存款明細。

同年行政院還訂定每年 10 月的最後一週為「國民儲蓄週」，而這一週的星期六則是「國民儲蓄日」，並由儲委會函請各級學校與縣市政府教育局「加強宣導國民儲蓄週和國民儲蓄日」；公函是這樣寫的：「為鼓勵兒童及青年儲蓄，以培養節儉美德，由教育部、省教育廳及直轄市教育局通令各公私立大中小學校，發動全校踴躍參加儲蓄運動，由郵局存簿儲金等簡便吸收之，並將此運動列為重要訓導工作。」您是否也參加過「儲蓄週作文比賽」或「儲蓄週演講比賽」呢？那正是當時的重點宣導活動。

往後 10 年間,台灣的郵政存款便激增了 27 倍之多,這對於國家經濟發展的幫助不可謂不大啊!

中華郵政的學生儲金乃由學校統一為學生開戶,每所學校有一個局號,學生依流水號編帳號與戶號;不過實習儲金只能存款與提款,不具轉帳功能,學校經辦人員統一收取學生存款後,會填寫存提款單據,再每週或每月定期至郵局進行存提款。

由於「學校實習儲金局」的業務隸屬校內的學務處或訓導處,乏人監督,且提領無需印鑑或密碼,因此早年不時傳出盜領事件,後來郵局便定期派人到學校核對帳冊與金額,以杜絕弊端。

得力於中華郵政和各級學校的宣導,學生儲金的成果斐然,在 2004 年達到巔峰,全國共兩千多所學校參與儲蓄運動,計有 54 萬餘儲金帳戶,存款金額高達新台幣 18 億元!

隨著時代變遷,財政部在 2003 年 2 月 27 日決定裁撤已經完成階段性任務的儲委會,並成立「金融研究發展基金」,後於 2004 年 7 月 1 日成立「行政院金融監督管理委員會」(簡稱金管會),以實踐金融監理一元化之目標。

2018 年,為因應台灣須於 11 月份接受亞太防制洗錢組織(APG)之第三輪評鑑,金管會要求國內金融作業全面電腦化,而郵局金融更是被金管會指定為防制洗錢組織評鑑的對象之一,其中首當其衝的,就是無法即時掌控金流的學校實習儲金。

因為無法在每所學校都提供一部電腦來和郵局連線,郵政總局遂決定直接停辦學生儲金。於是,郵政總局發文通知全國各中小學自 2018 年 7 月 1 日起停開新戶,禁止新的資金存入,並須在 2019 年 6 月 30 日前結清所有帳戶及儲金,但可直接將學生儲金轉換為一般存簿儲金,以持續培養學生儲蓄美德,將儲蓄觀念向下紮根。

就這樣，在台灣實施將近半世紀的學生儲金制
度，突然走入了歷史。

22 大同水上樂園 ———————————

1972 年 8 月 4 日開幕的「大同水上樂園」，由大同育樂企業股份有限公司董事長陳釟炳所創辦，為台灣第一座主題樂園，號稱「第一樂園」，位於當時的台北縣板橋市（今新北市板橋區）之江翠地區（舊地名為港仔嘴）；西起雙十路、文聖街，東迄懷德街，南到萬板大橋引道，北達大同街，面積廣達 3.1 公頃，是全台第一個 24 小時開放溫水游泳池的遊樂場所。

入口處的「大同水上樂園」牌區由前立法院長倪文亞題字。開幕之初，園區設有桃花池、滑水板、人工溪流、兒童池和餐飲部；除了主園區（前樂園）外，還設有「第二樂園」（後樂園）。

1972 年 10 月 25 日，園區內的「兒童世界遊樂場」完工啟用，裡頭建置了雲霄飛車、潛水艇、太空列車、月球飛盤等遊樂設施。

根據 1973 年 2 月 1 日《經濟日報》第 7 版之報導，當時大同水上樂園的營業時間為上午八時到晚間八時，票價為：全票十六元、半票十二元、兒童票八元。不過，想入園遊玩除了需購買門票，第一樂園內的每項設施還要另外收費（需購代幣），據悉當年營運才半年就已經把成本三千萬元賺回來了！至於第二樂園的設施則是免費使用的，因此偶爾會有兒童闖越第二樂園後面的欄桿缺口，甚至直接從正門的旋轉門進入，前往第二樂園遊玩。

大同水上樂園開幕之初的園內設施及其專用代幣（育樂牌）。

1980 年 7 月 13 日，大同水上樂園正式啟用新建的台灣首見「360 度雙圈螺旋式」雲霄飛車《歡樂神龍》，其醒目的外觀與刺激的玩法，讓它立刻成為大同水上樂園的招牌遊樂設施。

大同水上樂園的遊樂設施種類眾多，除了一般遊樂園常見的設施（例如旋轉木馬、咖啡杯、雲霄飛車、摩天輪）外，還有許多與玩水有關的設施（例如人造海浪、高空滑水道、漂飄河），而這正是所謂「水上樂園」的最大賣點。茲將園內設施詳列如下：

* **餐廳（餐飲部）**：坐落在入口處的三層樓建築，二樓外側建置了觀景平台，三樓的頂部矗立著一個巨大的三腳鐵塔，上頭有三面的「大同水上樂園」文字招牌，餐廳裡販售的裹粉酥炸大熱狗是我的最愛。
* 高空單軌電車（小火車）
* 太空飛鼠：單人座軌道遊樂設施。
* 雲霄飛車：軌道式列車遊樂設施，行駛路線為：出站後先爬升到頂，繞半圈，進行第一個俯衝；再爬升後，繞半圈，進行第

二個俯衝；第三次爬升後，繞半圈，接連兩個小波浪俯衝，最後繞半圈進站。
* 歡樂神龍：台灣第一個具有 360 度旋轉軌道的雲霄飛車，在行經兩次 360 度轉圈時，會被噴泉的水噴到。
* 原子潛水艇／水晶宮／海底奇觀：雖名為「潛水艇」但其實是在水中順著軌道走的藍色潛水艇造型列車，而非真的潛入水裡，車身有玻璃窗供乘客觀看不甚清楚的水中景觀。
* 萬人游泳池／人造海浪／大潮波游泳池：這是園區內最大的游泳池，泳池單側高台上設有噴泉，噴出的水沿著斜坡急洩而下成為瀑布，底下以機械造浪，側邊有一圓形噴水台。
* 高空滑水道
* 漂漂河／人造溪流：套上游泳圈後順流而下。
* 飛天椅：用鍊條懸掛，進行離心旋轉的椅子，類似圓山兒童樂園的「輻射鞦韆」。
* 水上飛舟／衝衝飛船：坐小艇爬升至高處沿水道衝下去，類似六福村遊樂園的「火

山歷險」。

* 太空飛象
* 旋轉木馬
* 太空列車／月球飛盤／旋轉椅：座位沿著圓圈排列，軸心偏斜旋轉，中心是一個繪有世界地圖的地球模型。
* 咖啡杯
* 龍舟：類似圓山兒童樂園的「龍舟」。
* 海盜船：當年號稱耗資千萬打造。
* 觀覽車／摩天輪：讓遊客在江子翠居高臨下，俯視大台北全景。
* 碰碰車：四輪機動車
* 三輪機動車
* 水上自行車
* 千里駒
* 聊齋屋（鬼屋）
* 蠟像館
* 陳列室
* 跳跳床
* 山地文化村：原住民歌舞表演

可惜的是，大同水上樂園終因不堪競爭、設施

老舊與管理問題，加上幅員受制、土地開發利益更大，以及政府興建萬板大橋的需求，而在1992年10月11日下午3點45分跑完最後一趟「歡樂神龍」後宣告停止營業，不過園內的游泳池在園區歇業關閉後，仍短暫營運了一陣子。

2003年，大同水上樂園之土地被板橋市公所全數徵收，前樂園區域蓋了萬板大橋的板橋端引道，後樂園（第二樂園）部分則闢建為「音樂公園」，園中的音樂台就在昔日樂園滑水道的位置，而現今萬板大橋與雙十路交會處的瑞林珍寶社區大門，就是以前大同水上樂園的入口售票處之所在。

23　林安泰古厝

林安泰古厝原坐落在今台北市大安區四維路
141 號，於 1978 年因敦化南路拓寬而必須被拆
遷，林氏家族決定將祖厝捐贈給台北市政府，
經市府妥善規畫，將拆下的一磚一瓦，一一丈
量、紀錄、編號、測繪，然後在 1985 年重建
於距原址 5 公里遠的濱江公園內（濱江公園位
處新生公園北側對面，地址為台北市中山區濱
江街 5 號，原為一片農田，在 1977 年闢建為
公園，面積約 16,360 平方公尺），是台北市現
存年代最久遠、保存最完整的古厝。

台北市大安區一帶最早乃由來自福建泉州安溪
的移民所開發，而「大安」一名即是當地居民
為了紀念家鄉安溪所取的，意指「偉大的安
溪」。

清乾隆 19 年（1754 年），祖籍福建安溪的林
欽明（林堯公）率家人東渡來台，移民至今台
北市大安區一帶，其四子林志能（林回公）善
於經商，在台北艋舺渡口創建了「榮泰行」，
從事船運與貨物貿易而致富。

清乾隆 48 年（1783 年），林志能在今台北市
四維路 141 號處興建四合院住居，取家鄉安溪
的「安」與榮泰行的「泰」，將大厝定名為「安
泰厝」，後人遂稱之「林安泰古厝」；大厝的
正身完工於清乾隆 50 年（1785 年），而其餘
左右護龍等建物也於清道光 2 至 3 年（1822 至
1823 年）陸續完工，迄今已逾兩百年歷史。

1978年，位在敦化南路拓寬預定地的林安泰古厝開始進行拆遷工程，一旁的高樓是當時屋齡僅有2年的林肯大廈。

林安泰古厝坐落於「南蛇環北斗穴，蛇頭向七星」之吉地，建築面積達 264 坪，採「坐東北朝西南」之建築方位，是一座傳統閩南式的二進五間起四合院。

古厝之格局嚴謹大方、主從分明、配置均齊，其選料與作工十分精緻；石塊牆基、清水紅磚，與石板窗格之疊砌，可謂巧奪天工，而門窗上頭的雕刻，亦為上乘之作。建材大部分來自福建，更添其歷史價值。

整體而言雖稱不上華麗，但無論是屋頂上的燕尾、窗櫺之間的採光，抑或梁柱下的石珠，在在顯露其古樸典雅的個性，令人回味無窮。

古厝前方有一座名為「半月池」的半月形水池，源自昔日開採建造房屋所需土石所留下的坑洞，此池不僅能美化環境，還可蓄水、防災（滅火），實乃古人智慧之體現。

古厝全部包括了正屋、上院、下院、左右配院、上下院次梢間、門房、過水、臥房、護院、

書塾，與一般四合院建築相比，其前廳別具特色，四根主要的金柱被移至廳內，以擴大使用空間。該厝在建築時並不使用明釘，而是以接榫、暗釘或楔子接合；且因歷經五次建設，所使用之建材更是多達六種土磚與三種石材。

在日本時代規劃的都市計劃裡，建國南北路及仁愛路被定位為台北市的十字綠軸，負責串聯各大開放空間。但戰後，因為松山機場的緣故，政府決定興建一條從機場通往總統府的國賓大道以彰顯門面；於是，取代建國南北路成為台北市南北綠軸的敦化南北路，便因而誕生了，至於建國南北路，則被用來興建南北向的快速道路。

70 年代中期，台北東區正值快速發展期，位在敦化南路拓寬預定地的林安泰古厝之周遭已有不少高樓大廈，例如林肯大廈，旁邊還有建安國小、大安國中等校園。

當時，不少學者專家反對拆除林安泰古厝，他們認為古蹟之所以具有保存價值，在於其所處

的位置與環境，若拆遷之後便會失去意義，倒不如直接剷除；另有人士主張讓敦化南路繞道而行，或改設地下道、高架橋以避開古厝。不過，北市府最後決定將古厝遷建，易地保留傳統建築，讓後人得以窺見台北盆地歷史文化之演進。

1976 年 8 月 6 日，台北市長林洋港宣布，由於林安泰古厝後側有三分之二位在敦化南路拓寬工程預定地上，且非古蹟保存範圍，因此市府決定將其拆除然後重建於新關之木柵動物園裡。不過，林安泰族人對此表示，他們為了讓祖厝得以永遠留存，願意將之贈予市府擇地重建，但認為遷至動物園內並不適當，希望地點可以再議；於是經協調後，又增加青年公園、陽明山公園、文通公園（文昌街與通化街口）與內湖風景開發區等四個選項。

由於當時圓山動物園的搬家計劃尚未確定時程，林洋港市長主張將林安泰古厝拆除後，先予以編號保存，待動物園搬家後，再於木柵園區內進行復建。於是，台北市工程局新建工程

處便委託建築師李重耀辦理拆除前的測繪與編號，李重耀為此共畫了 70 張工程圖，經估算得知林安泰古厝之建材中，磚石料約佔 40%，木料約佔 50%，但多已破損朽壞。

1977 年 10 月 13 日，台北市長林洋港表示林安泰古厝在易地重建之後將轉型為中華民俗文化村，並於同月 17 日決定重建地點為南港中央研究院後測的農業保護區土地。同年 12 月 12 日，台北市政府首長會報通過中華民俗文物村籌建構想，其展示內容包含中華民族發展史、社會習俗、經濟生活、宗教生活，與藝術生活五大項。

1978 年 6 月 18 日下午，工人開始進行林安泰古厝的拆除準備作業。同月 26 日上午，林家後代擠滿了古厝大廳與庭院，管理員林敬令在祖先牌位前焚香告祭，台北市工程局新建工程處配合科彭科長接香並遞給十幾位拆建工人，眾人祈禱保佑拆建順利，拆除工程於焉正式展開。

工人先由兩側廂房拆起，再拆隔間，然後處理最複雜的大廳、下院主樑、結構、木雕、花堵、堵格板。負責遷建工作的李重耀，吩咐工人使用的槌頭不得超過 5 磅，繩索限用草繩，用以裝載的袋子則須是棉製或草編材質；每塊石磚在敲擊之前必須先連續澆水 4 小時以稀化其中的黏著劑。

拆下的各塊建材由工人以粉筆一一寫上編號，作為來日重組的依據；梁柱共 20,982 才（1 才 =1 台尺 ×1 台尺 ×1 台寸）、磚石共 38,093 塊、屋瓦共 24,050 片，而此次的施工圖亦成了日後古蹟維修人員的學習典範。

整個拆除工程歷時五個月，然而當古厝化整為零之後，市府卻仍未能決定重組古厝的地點，於是這些建材便被放置在安和路旁的臨時倉庫中。一年之後，由於安和路要進行拓建工程，只好再將建材搬走，改堆放在和平西路（跨越鐵路）的高架陸橋下，然而陸橋的排水口就在上方，結果許多建材遭到雨水侵蝕而腐壞，連上頭的編號標記也變得難以辨識。

1983 年 1 月傳出橋下之古厝建材出現白蟻的狀況，在專家的呼籲和輿論的壓力之下，市府總算正視古厝重建的急迫性。同年 3 月 10 日，台北市長楊金欉宣布市府將於民國 73 年度編列二千萬元左右之預算（最終通過之預算為 26,781,000 元）來重建林安泰古厝，但須等待市議會通過該項預算後方能決定重建的地點；後經文建會協調北市府，由台北市工務局都市計劃處將重建古厝納入濱江計劃範圍一併規畫，終於決定在濱江公園進行林安泰古厝之重建。

林安泰古厝第一期重建工程於 1984 年 8 月 13 日開工，1985 年 4 月 24 日上梁，1985 年 11 月 15 日完工。

重建之後的古厝面積比原本少了許多，內部佔地約 672 平方公尺，屋中擺設為仿古家具，磚牆內有鋼筋混凝土補強，木材部分則塗了防蟻劑以避免白蟻蛀蝕。

濱江公園提供了林安泰古厝一個適當的棲所，

令其重獲新生，而林安泰古厝則以深具歷史性的藝術與文化，讓濱江公園在綠意中散發著思古之幽情。

1987 年 6 月，完成遷建的林安泰古厝正式開放給一般民眾參觀，人潮絡繹不絕。

1999 年，北市府民政局依循林洋港市長時期之規劃，將林安泰古厝打造成民俗文物館，藉由石磨、土壟、木製飯桶、紅眠床等舊時器具，重現昔日生活景況，讓參觀者對古厝的瞭解能夠更加具象。

2000 年 5 月 27 日，「林安泰古厝民俗文物館」舉行開館祭祖典禮，鼓聲震天，熱鬧非凡；林氏宗親穿梭於古厝之中，追想先民生活的點滴。

2009 年，配合「2010 年台北國際花卉博覽會」活動，北市府斥資一億零六百卅萬元，在林安泰古厝周圍建造仿古庭園作為花博展區，名為「花茶殿」。

2012 年 10 月 31 日，台北市政府文化局公告登錄「林安泰古厝」為台北市歷史建築，其登錄理由為：

一、建物遷建後僅存兩落內外雙護龍之合院形式，大木、木雕、石雕即工法具有一定水準，為台北市閩南傳統建築典型代表作之一。

二、古厝原位於四維路，因敦化南路計劃道路拓寬未能原地保存而拆除，在多方人士與媒體報導的壓力下，市府遂易地重組；古厝的遷建日後加速《文化資產保存法》立法，有見證文化資產保存的時代意義。

24 萬國大戲院

這是1994年暑假檔期，西門町萬國大戲院歇業前的最後一瞥，您看得出當時上映的電影有哪些嗎？

1902 年 10 月，位於台北「西門外街」壽町二丁目 36 番地（今址為台北市萬華區西寧南路 129～143 號），由小林竹藏出資建造、台灣劇場株式會社經營的日式木造大型劇場「榮座」落成，其入口採「唐破風」的屋簷形式，為台灣最早有歌舞伎表演的劇院，也是西門町的第一家戲院，最初以演出《忠臣藏》系列劇目、日本歌舞劇或傀儡戲為主。

1907 年，榮座開始放映電影；根據記載，觀眾在榮座是坐榻榻米看電影的，並規定男女須分成兩邊坐，不得混坐。

1910 年 7 月，榮座推出新劇《不如歸》，舞台中使用升降道具、製造煙霧等複雜的機關。

1927 年 9 月，榮座更名為「共樂座」，直至 1930 年再度由台灣劇場株式會社接手經營，才改回「榮座」舊名。

榮座在戰後被拆除並改闢建為今西寧南路129 號之 3 層樓街屋、今漢中街 50 巷，以及今西寧南路 131 號至 145 號之 3 層樓街屋，而在它東側緊鄰的土地上（今址漢中街 52 號）則蓋起了戰後西門町的第一家新興戲院～萬國大戲院（Cosmopolitan Theater），於 1952 年 1 月 26 日開幕；首部放映的電影是描述三七五減租後的農村生活之政宣劇情片《春滿人間》，由大華影業公司攝製，張正之、唐紹華執導，焦鴻英、吳驚鴻與井淼主演。

特別一提，1935 年 12 月開幕的台灣劇場（與榮座一樣同為台灣劇場株式會社經營）就緊鄰著榮座的北側，地址為今西寧南路 127 號，戰後更名為台灣戲院，後於 1961 年 8 月 14 日更名為中國大戲院，最終在 2001 年 6 月 23 日熄燈停業，該地在 2008 年動工興建地上 27 層、地下 6 層的阿曼 TiT 住商混合大樓，於 2012 年 1 月竣工。

而榮座的消逝與萬國大戲院的崛起，由於時間上十分接近，加上兩者的地點又是東西相連，以致後人常將其更迭混為一談，甚至將榮座的位置誤植為萬國大戲院的地址；事實上，榮座的入口在今西寧南路，萬國大戲院的大門在今漢中街，前者為戰前西門町最早的戲院，後者為戰後西門町最早的戲院；特此說明，望能釐清過往錯誤資訊對大眾造成之誤解。

1954 年 8 月 20 日，萬國大戲院開始運轉冷氣設備，以提昇觀影環境之品質。同年 11 月 1 日，萬國大戲院與大世界戲院開始播放以變形壓縮鏡頭拍攝的「新藝綜合體」（CinemaScope）寬銀幕電影（畫面比例為 2.55：1），是台灣最早啟用新藝綜合體放映設備的電影院。

1955 年 8 月 3 日，萬國大戲院在報上刊登啟事，聲稱所上映的好萊塢西部片《無情荒地有情天》（Untamed）已連續 25 天滿座，觀影人次超過 15 萬 7 千人，票房超越 1954 年《羅馬假期》（Roman Holiday），創下當時

西片的最高賣座紀錄。

1955 年 11 月 1 日，台灣省政府及台北衛戍司令部宣布，自該日起在西門町的萬國、國際（萬年商業大樓前身）、大世界、台灣（中國戲院前身）、美都麗（國賓戲院前身）等五家戲院試辦「購票換座入場辦法」，以消弭黃牛戲票。

然而新售票辦法上路之後，卻出現夫婦或情侶看電影遭到拆散，以及視力未經矯正之近視觀眾無法獲得前排座位之情況，於是萬國大戲院決定試辦夫婦或情侶進場換給聯票，並保留部分前排座位予近視眼的觀眾。

此外，萬國大戲院在當月由台北市衛生院所舉辦的「影戲院環境衛生競賽」中，與大世界、華宮、國際、台灣、國泰等戲院被評為較優等電影院，而最差者則是位於華西街的芳明戲院。

1956 年 10 月 10 日，萬國大戲院放映美國戰爭片《六月六日斷腸時》（D-Day the Sixth of June）時，樓下座位原價新台幣 8 元的電影票，竟被黃牛哄抬至 15 元，創下當時黃牛票的最高紀錄。

1971 年 1 月 16 日，萬國大戲院決定結束和美商哥倫比亞電影公司的合約，自該年春節開始，改映首輪國語電影。當時以萬國為首的國片新院線，由萬國與國泰、復興、明星、大興、松都，共六家戲院聯合組成萬國院線，並以李翰祥執導的古裝歷史片《緹縈》作為院線第一砲。

1976 年 2 月 24 日，《經濟日報》刊登萬國大戲院即將遭拆除並改建為萬國商業娛樂大廈之新聞，報導中指出新建物的基地面積為三百六十餘坪，其配置乃地上八層樓、地下三層樓；一、二樓規劃為商店街，三、四樓與五、六樓會有兩座現代化的電影院，七、八樓是餐廳與咖啡廳等美食區，屋頂則設計成空中花園，至於地下一、二樓是超級市場，地下三樓將開闢為大型停車場。由此可見，

萬國大戲院早在西門町戲院最多（有 30 幾間）的 70 年代就已經有改建的計劃了！只是不曉得為什麼會被擱置到 18 年後才付諸執行。

1984 年 8 月 27 日，台北市國片院線之重組宣告定案，仍維持五條院線，自 9 月 8 日起，主持萬國院線的七賢公司將接手金馬院線，成為發行業者中唯一掌握兩條院線、二十多家戲院的發行公司。

當時以吳武夫為首的七賢公司說服了簽有合約的幾家製片公司及多家郊區戲院與金馬院線的代表人徐之豐、黃卓漢簽約，自 9 月 8 日之中秋節檔期開始重組院線，將部分原屬萬國院線的戲院投入金馬院線，另有遠東、民族兩家戲院離開大世界院線改投萬國院線。

根據新聞報導，當時台北市國片新院線的陣容如下：

金馬院線：金馬、碧麗宮、第一、明珠、寶宮、南京、南山、萬華、光華、榮華、新興、金國、金星、新莊、中興。

萬國院線：萬國、遠東、華聲、來來、復興、民族、中信、中央、天南、北投。大世界院線：大世界、翡翠、國興、永和、僑興、天台、中國（板橋）。

今日院線與中國院線則無變動。

1988 年 1 月 1 日，電影三級制正式實施，不過當天在台北市西門鬧區的各家龍頭戲院中，僅有萬國大戲院在進門兩側懸掛綠色輔導級標誌。以致於部分未按規定懸掛分級標誌的戲院，頻頻出現大人帶著未滿 12 歲幼童硬闖輔導級電影之情況。

1988 年 3 月 6 日，女星凌波在萬國大戲院登台，與觀賞黃梅調電影《梁山伯與祝英台》重映的新舊影迷見面，這是凌波自 1963 年演出「梁祝」25 年來首度為該片登台宣傳。

1989 年，萬國大戲院將原有 1,500 個座位的大影廳，改建為樓上 300 個座位和樓下 700 個座位的兩個小影廳。

1993 年 1 月 1 日上午，中華民國電影年「開鏡」儀式在萬國大戲院舉行，由行政院新聞局長胡志強主持開幕式，隨後欣賞甫獲得第 29 屆金馬獎（1992 年 12 月 12 日頒獎）最佳劇情片殊榮的《無言的山丘》，以電影打板開鏡的方式，為活動揭開序幕，正式宣告中華民國電影年開始。

1994 年 10 月 31 日是萬國大戲院的最後營業日，停業之後隨即進行改建計劃；當時公布的計劃是：拆除重建為地上 11 層、地下 3 層的綜合性娛樂大樓，其中將規劃大小從 600 個座位至 200 個座位不等的四個小廳，其餘樓面則闢設為保齡球館、舞廳等。

1995 年 6 月，大陸工程承攬前業主萬國大戲院之「新萬國廣場商業大樓新建工程」營造案。

1997 年 6 至 10 月，CEC GROUP 先後購得萬國 100% 股權（含在建工程），公司更名為「萬國百貨事業股份有限公司」，並著手規劃商場經營與籌組經營團隊。

1998 年 8 月，位於新萬國廣場商業大樓（Galaxy Department Square）的「Galaxy 萬國百貨」盛大開幕，營業項目涵蓋百貨零售與美食街（包括 B1 的麥當勞）等；同年 11 月與日商 SEGA 合作經營之遊樂園開幕，加入商場營運。

1999 年，萬國百貨陸續引進電影院（絕色影城）、娛樂業、餐飲業等，形成複合型的商業娛樂大樓，成為西門町都更之成功案例；其中由春暉影業直營的「絕色影城」共有五個影廳，於 1999 年 5 月 8 日正式開幕。

2000 年 9 月，萬國百貨改變經營策略，於 1 至 7 樓引進美商加州健身中心，並維持大樓整體之複合商娛形態。

2007 年，欣陸投資控股子公司萬國百貨將新萬國廣場商業大樓賣給亞太置地，售價為新台幣 30.5 億元。

2010 年 10 月，世界健身中心接手經營加州健身中心。

2011 年 4 月，亞太置地公司以世界健身中心拒絕履行接手加州健身中心相關債務等理由，對位於新萬國廣場商業大樓內的世界健身中心西門店斷水斷電。

2012 年 4 月，進駐新萬國廣廠商業大樓 B2 至 4 樓共 6 個樓層，占地面積達 1,237 坪的「UNIQLO 西門旗艦店」正式開幕。

2012 年 8 月 17 日，富邦人壽以新台幣 67 億元價格買下屋齡 14 年的新萬國廣場商業大樓；若以成交總價與土地 386.43 坪面積單獨計算，每坪土地價格是 1733.8 萬元，可謂當時的台灣新地王；若以樓地板面積來看，1 樓每坪 800 萬元，2 樓及地下 1 樓每坪 250 萬元，其餘樓層每坪 110 萬元，亦創下該區段之新高價。

2014 年 8 月，喜滿客影城接手經營絕色影城，並將之更名為「喜滿客絕色影城」。

2021 年 3 月 27 日，斥資數千萬大規模升級改裝後的喜滿客絕色影城以「喜滿客影城絕色店」之名重新開幕，在新萬國廣場大樓 8 至 11 樓四個樓層裡共有 9 個精緻影廳，配備 260 至 350 吋銀幕與杜比 7.1 音效，分別可容納 60 至 160 位觀眾；其中「商務影廳」裝置了國際會議中心等級的 8 段式燈光，座位還附設充電插座，可供開會或舉辦活動。

從榮座到萬國大戲院，然後轉型為百貨公司再進駐絕色影城，直至喜滿客影城絕色店，一百二十多年來，西門町最早出現戲院的地點，一直在放映著電影，亦見證了電影業與西門町的興衰起落。

雖然喜滿客影城絕色店後來因為受到大環境影響而於 2024 年 3 月 31 日結束營業，不過就在它歇業前夕，網銀國際影視宣布將接手經營，並表示：

「絕色影城的現址從 1902 年起，歷經百餘年成為台灣影人心中的聖地，也在眾多台北年輕學子的心中佔有不可抹滅的地位。」故選擇此處成為其進軍影城通路的第一步，且讓我們拭目以待！

25 淘兒音樂城

1992 年開幕的「淘兒音樂城」西門店是 Tower Records 在亞洲除了日本之外的第一家分店，其所在的三層樓建築位於西門紅樓東北方，地址為台北市萬華區成都路 12 號，該處曾經開過南洋百貨公司（1968-1977）、A&W 艾恩堡（1986 年 2 月 22 日開幕；我念念不忘它的露啤 Root Beer，也就是用啤酒杯裝盛麥根沙士，再加上一球香草冰淇淋，美味至極啊！）、淘兒音樂城（1992-2003）、2003 年底進駐的 NET 服飾（2003 年底至 2016 年 11 月 27 日）、Nike 旗下品牌 Jordan 授權尚智的專賣店（2017.5.20-2020.3.8），目前則是尚智 Nike 西門紅樓店（2020.5.9 開幕）。

強調「No Music, No Life.」的淘兒音樂城，是我逛過的唱片行裡，第一家可以在店裡用耳機欣賞 CD 唱片內容的唱片行，因此令我記憶深刻，是我大學時代的美好回憶。

1960 年，美國人羅素所羅門（Russell Solomon, 1925-2018）在加州沙加緬度創立了第一家 Tower Records，就開在他的父親於 1939 開設的電影院「Tower Theatre」裡的藥房內（我記得小時候許多唱片行都是和藥房共用店面），因此唱片行便與戲院同名。

1971 年，Tower Records 在加州洛杉磯的日落大道打造了第一間旗艦店，並自稱是全宇宙最大的唱片行（The largest record store in the universe）；基於地利之便，有不少好萊塢明

這是 2003 年「西淘」(淘兒音樂城西門店) 在台灣的最後一瞥;那時候,隔壁
的「門卡迪咖啡」還在營業(2017 年停業)那時候,西門紅樓正以「紅樓劇
場」的身分重新出發;那時候,台灣行動電話市場仍以「NOKIA」的天下。

星與巡迴樂手光顧該店，而當地的年輕人也會約在店裡碰面；從此，Tower Records 這塊黃底紅字的招牌所代表的，已不僅僅是一間唱片行，更是象徵時尚、頂著流行文化光環的社交場所。

1980 年，Tower Records 走出美國，在日本札幌開設了第一家海外分店，並開始於世界各地展店；在 90 年代的全盛期，曾於加拿大、英國、日本、香港、台灣、新加坡、韓國、泰國、馬來西亞、菲律賓、愛爾蘭、以色列、阿聯、墨西哥、哥倫比亞、厄瓜多、阿根廷等地開設超過兩百家的分店，而在美國境內最多曾有 89 家分店，由美國企業 MTS 公司營運。

1992 年，Tower Records 登陸台灣，並取了個中文名字「淘兒音樂城」，曾在台北市開過五家分店，包括 1992 年開在西門町（成都路 12 號）的西門店（暱稱「西淘」）、1993 年開在東區（忠孝東路四段 71-1 號）頂好廣場香檳大樓 2 樓的頂好店（暱稱「東淘」）、位在天母（忠誠路二段 55 號）大葉高島屋百貨 4

樓的天母店、位在信義區（松高路 12 號）新光三越百貨 A8 館 6 樓的信義店，以及位在基河路士林夜市「金雞廣場」3 樓的士林店（暱稱「雞淘」，這家分店因房東產權問題，存在的時間最短）。

而除了台北市，淘兒也曾於 2000 年在當年新開幕的兩間新光三越百貨：新竹車站前的中華店與台中西屯的中港店，設置過短期營運的賣場式分舖。

進入 21 世紀，數位音樂的出現使得實體唱片的銷售量出現雪崩式滑落！於是在 2002 年，美國 MTS 公司賣出了其日本法人。

2003 年 11 月，Tower Records 完全退出台灣市場。

2006 年 8 月 20 日，美國 MTS 公司申請破產，致使 Tower Records 在美國境內的分店全數停業，至於海外分店則仍繼續營業；日本的分店由日本的 Tower Records 公司（タワーレコー

ド株式会社）接手營運，成為日本最大規模的連鎖唱片行，根據 2024 年 1 月官網上的資訊，日本境內的 Tower Records 分店共有 74 間。

2020 年 11 月，Tower Records 在美國以網路商店的型態恢復營運。

2022 年 11 月，一個名為「Tower Labs」的創意活動空間在紐約布魯克林啟用，此乃 Tower Records 在發源地美國睽違 16 年的實體據點，其成立目的是讓藝術家與樂隊及其社群有一個可以舉辦線下聚會的場所。

Tower Records 的新任總裁 Danny Zeijdel 表示：「在愈來愈數位化的世界裡，藝術家必須擁有一個可以交流和創作的物理空間。」目前 Tower Labs 雖然沒有販售唱片，不過他們仍持續探索 Tower Records 旗艦零售店在美國重新開業的可能性。

26 王貫英先生

1906 年 4 月 1 日誕生於山東東平的王貫英先生，於 1949 年決心行乞救國，並在 1950 年初隨中華民國政府來台，居住在台北市漳州街的陋室。

順便一提，台北市政府在 1971 年 1 月開闢中華路二段時，合併了汀州路以南的漳州街並加以拓寬；之後在 1984 年為南海路進行延長拓寬工程時，又併入了漳州街殘餘的路段。於是，台北市的漳州街自此走入了歷史。

1955 年，王貫英先生開始其拾荒生涯；他每日踩著三輪車從中華路沿著博愛路、武昌街等地撿拾破爛，並將拾荒所得用來購書並捐贈給各地的圖書館或學校，以貫徹他的座右銘：「人生在世，要做有意義的事，服務他人。」

王貫英先生的學歷雖然只有小學肄業，但他卻自發地飽讀詩書，樂於探索博大精深的中華文化；為了讓更多人能和他一起徜徉於無涯的學海，他平日省吃儉用、撙節所得，盡己所能地贈書建館，同時創作詩句以明其志，戮力實踐「播種我文化，救己兼救人」之理想。

1961 年 12 月 12 日，中華民國第四屆好人好事表揚大會在台北中山堂舉行，來自全國各地的 69 位好人好事代表在場接受表揚，王貫英先生正是其中一位。

1967 年，王貫英先生發放獎學金一萬餘元給

在台北街頭踩著三輪車沿路拾荒的王貫英先生，效法武訓興學，將
微薄收入用以捐書建館，畢生矢志宏揚文教，其心其行令人欽佩！

品學兼優學生 40 多名，並贈書予台灣省立台北女子師範學校（台北市立大學前身）與平民中學（1973 年為響應蔣中正總統所倡之「莊敬自強」而更名為莊敬中學），因而獲頒社教有功人員。

王貫英先生在推動台灣社會教育這條路上，著實有著不可抹滅之功勞；他自稱效法同是山東人的清末教育家武訓「行乞興學」事蹟，一方面購書贈送國內外文教機構與學校，一方面創辦圖書館並勉力經營，成為民眾自修求知的好去處。

難能可貴的是，王貫英先生這兩項志業所需之經費，全部來自他辛苦拾荒的微薄收入，而且窮其一生不改其志，即使到了人生最後臥病在床的時候，亦不忘囑人繼續推動其遺志；他那無私無我的大愛精神與貫徹始終的過人毅力，實足以作為後世之典範！

1976 年 9 月 1 日，深受王貫英先生義舉感動的台北市古亭區忠義里里長張泮香與揚善雜誌社

負責人，特邀請他一同在台北市中華路二段某號地下室創設「揚善圖書館」，無奈沒多久便因經費短絀，而於 1977 年 4 月將圖書館交由當地居民高雲先生接手管理，但仍難以為繼，最終在同年 8 月閉館，前後僅存在短短一年的時間。

但王貫英先生不灰心，他堅持當地需要一座圖書館來豐富居民的精神生活，遂於 1977 年 10 月間，會同古亭區忠勤里 33 鄰至 38 鄰之六位鄰長商議，在鄰長們的通力合作下，「貫英圖書館」終於在 1978 年 4 月 5 日先總統蔣公逝世 3 週年紀念日正式揭幕。

坐落在台北市中華路二段 301 巷 1 號地下室的貫英圖書館，位於南機場第三期整建住宅，該地並非王貫英先生所有，而是由古亭區公所輔導借用，占地約百餘坪。

1990 年，王貫英先生的拾荒生涯因其身體不適而畫下句點，其生活端賴政府給予的低收入戶補助金。然而即使生病住院，他仍堅持「人

書不分離」，一心想回到住處，看顧他的圖書館。

1996 年 11 月 12 日（國父誕辰紀念日），李登輝總統特頒「勤儉興學」匾額給王貫英先生，以示敬重。

1997 年，王貫英先生因病危再度住進和平醫院，6 月由社會局社工接送至私立愛愛院進行療養，於療養期間，李總統及其夫人、內政部長葉金鳳，與教育部長吳京，皆曾前往探視。

然而令人不捨的是，在 1998 年 12 月 15 日凌晨零時 50 分，王貫英先生因為敗血症併發心肺衰竭，病逝於萬華仁濟醫院，享耆壽 92 歲。

在王貫英先生辭世後，台北市立圖書館為了避免貫英圖書館因乏人管理而淪為廢墟，同時亦欲紀念其「拾荒興學」義行，遂決定將距離其故居不遠（位於汀州路二段 265 號）的古亭分館（台北市立古亭圖書館）更名為「王貫英先生紀念圖書館」，並將貫英圖書館收藏的書籍

文物移入該館，同時在館中設置紀念室及紀念園，供後人緬懷。

1999 年 12 月 20 日，王貫英先生紀念圖書館在文建會主委及台北市長馬英九揭幕之後正式啟用。

王貫英先生紀念圖書館不僅彰顯了王貫英先生拾荒興學的事蹟，館方更秉其遺志持續辦理書展、讀書會、講座、研習營等活動以推廣閱讀風氣，令其積極推動社會教育之精神得以流芳百世、生生不息。

哲人日已遠，典型在夙昔；謹以此文表達我對王貫英先生的尊敬與感謝。

27 哈帝漢堡

哈帝（Hardee's）雖然只在台灣存在短短的十年，不過卻讓我留下了深刻的印象，尤其是它的香烤牛肉堡。

1960 年 9 月 3 日，韋伯哈帝（Wilbur Hardee）在美國北卡羅萊納州的格林維爾開了第一家 Hardee's 速食店；由於生意非常好，沒多久韋伯哈帝便決定擴大事業版圖，於 1961 年 5 月在同一州的洛磯山城開了分店。到了 60 年代末，Hardee's 的營業據點已經超過 200 個。

1971 年 11 月 30 日，Hardee's 收購了另一家現金短缺的連鎖速食店 Sandy's。1973 年，已有九成的 Sandy's 分店改掛 Hardee's 招牌；直到 1979 年，Hardee's 旗下的 Sandy's 終於全部更名為 Hardee's。

70 年代末，Hardee's 又收購了猶他州的連鎖漢堡店 Dee's Drive-In。

1981 年，加拿大公司 Imasco Limited 買下了擁有 2,000 家店舖的 Hardee's。

1985 年 10 月，由李瑞河在 1968 年創立的「天仁茶業有限公司」（天仁茗茶）與當時美國第四大速食業者 Hardee's 簽約合作，以「哈帝漢堡」之名將 Hardee's 引進台灣市場。

1986 年 10 月，台灣第一家「哈帝漢堡」（西寧店）在西門町的中國戲院旁開幕（地址為台北市西寧南路 129 號，臨漢中街 50 巷），斥資六千萬，佔地三百坪，其規模算是當年台灣速食業的翹楚；開幕當天，時任副總統的李登

1986年開幕的台灣第二家哈帝漢堡（台北南京店）以及令我難忘的美味香烤牛肉堡。

輝先生還蒞臨現場與美國 Hardee's 總裁威廉及台灣哈帝漢堡董事長李瑞河會面，其風光可見一斑。

1986 年 11 月 11 日，台灣第二家「哈帝漢堡」（南京店）在台北市南京東路與復興北路口（兄弟大飯店斜對面）的天仁大樓裡盛大開幕，當時還請來了資政謝東閔先生與李董事長一同剪綵。

我對哈帝漢堡印象最深的，是它獨特的「香烤牛肉堡」（Roast Beef Sandwich），其標榜採用整條美國牛肉，以適溫慢烤切片，堆疊在漢堡麵包上，再淋上烤肉醬而成，強調不加起司、蔬菜，以保留烤牛肉的原汁原味。直到現在，我仍會不時想起哈帝那美味的烤牛肉片，好想再品嚐一回啊！

哈帝漢堡在台灣的最初 5 年（1985 ～ 1990），發展十分迅速，不但開了 14 家分店，其單店平均營業額更是年年名列全球 Hardee's 之冠。

1990 年，天仁證券爆發財務危機，天仁集團為了解決債務，只好出脫哈帝的股份，而哈帝漢堡在台灣的發展，則自此開始走下坡。

1994 年，為了改善台灣哈帝每況愈下的營運，美國哈帝還特地派人來台擔任總經理，無奈業績並無起色。

到了 1995 年，天仁集團雖仍是台灣哈帝的大股東，但其持股僅剩 9.5%，這時候的天仁正全力發展「天仁茗茶」與「輕鬆小站」兩個系統的連鎖店，已無心經營速食業，遂決定結束哈帝之代理，關掉當時台灣僅剩的三家哈帝分店，Hardee's 自此退出了台灣市場。

1997 年 4 月，有 3,152 個營業據點的 Hardee's 被 Carl's Jr. 速食店的母公司 CKE Restaurants 以 3 億 2,700 萬美元給買下。

根據 2024 年 1 月 Hardee's 官網上的資訊，Hardee's 在全球的分店超過 1,800 間，其中有 1,628 間位於美國境內。

你知道台北市士林區的後港墘原本是社子島的一部分嗎？而且社子島最早的確是一個島，那時候社子島與士林之間的河道並非今日的模樣。

昔日在社子與士林之間的基隆河道尚未截彎取直之前，當地居民來往社子與士林之間大多倚靠兩地之間的士林吊橋（另名社子吊橋）；這座東西向橫跨基隆河的吊橋在 1937 年動工興建，於 1939 年 3 月竣工啟用，西連今大南路與承德路口，東接今大南路與基河路口（士林街福德宮旁），供行人與自行車通行。

1963 年 9 月 9 日至 12 日，葛樂禮颱風侵台，在台北盆地降下豪雨，導致整個台北地區大淹水。災後，政府進行檢討，將導致大淹水的禍首歸咎於基隆河道太過彎曲，以及基隆河匯入淡水河的關渡河道太狹窄所致；於是推動「淡水河治本計劃」，將干豆門（關渡）河道寬度拓寬為 15 公尺，先疏分洪流再整治河道，把圓山中山橋以下基隆河截彎取直，此謂基隆河士林段（或基隆河西段）截彎取直工程。

行政院於 1964 年核定基隆河下游自圓山鐵路橋至社子島間辦理截彎取直工程。翌年（1965年），基隆河進行了第一次的截彎取直工程，填平環繞劍潭與士林的舊河道，並於社子島上開鑿一條新河道，將基隆河這段河道拉直，同時在新河道上興建百齡橋以利兩岸之間的交通。

一甲子以前，士林夜市旁的基河路還是基隆河的河道，河道上還有一座連接士林和社子的吊橋，而現在的捷運劍潭站外型，正是紀念這座曾經存在40多年的士林吊橋。

「淡水河治本計劃」將基隆河從圓山中山橋附近到社子福安里一帶，挖出一條長 1,828 公尺、深 5 公尺、河槽寬 150 公尺、底寬 120 公尺的新河道，社子島就此被削去了一塊「後港墘」，而舊河道填平所形成的道路即今基河路；於是，原屬社子島的後港墘以及被填平的舊河道，便在基河路與士商路之間形成一塊河埔新生地。

自此，基隆河新河道將社子島東南角後港墘一帶截分為東西二部分，而在其上所興建的百齡橋（因 1965 年動工時適逢國父百年誕辰而取名為「百齡」，於 1967 年 3 月底竣工通車），可連通社子與士林之間的交通，至於後港墘則與廢河道連為一體，成了士林的一部分。

1970 年代初期，政府在建造中山高速公路時，為了填固路基，便進一步將橫貫基隆河與淡水河之間的番子溝填為陸地，於是基隆河的水流在此全由截彎取直後的河道導入淡水河，而社子島也從此與台北市相連，成了有名無實的島。

而位於士林夜市旁的基隆河舊河道，在截彎取直改道工程後，原本計劃要建造成人工湖，但卻因經費短缺，遂於 1979 年將河道填平，並計劃將之闢為道路（即 1985 年完工的基河路和士商路）。

由於這一帶的基隆河廢河道在河流改道後漸形荒蕪，故台北市政府於 1979 年 6 月變更完成基隆河中正橋至士林吊橋間之都市計劃，並委託行政院國軍退除役官兵輔導委員會榮民工程事業管理處北部地區工程處辦理「基隆河廢河道改善利用計劃工程」。

該工程於 1982 年 5 月 30 日開工，共分三階段施工，包括「整地及設置臨時排水與下水道」、「填沙與地質改良」與「道路與地下管線統一埋設」。首先進行埋設臨時排水設施工程，以打椿機埋設事先於中壢預鑄場製作的板椿與箱涵，以利清除該區汙泥，並於固化後運棄，再以大興號抽砂船挖取淡水河之河砂做為回填廢河道的材料，在填沙完成後，再施以首度引進國內的塑膠排水帶工程，以便加速該地區的沉

陷速度，以提高黏土層壓實度，利於後續開發建設之用。

工程期間拆除了士林吊橋及中正橋（昔日士林中正路上跨越基隆河廢河道之橋），以連接廢河道兩側的土地，然後進行整地工程，包括建築擋土牆、覆以植披，以及填壓路面、鋪設柏油，完工之後於 1985 年 8 月交地予業主台北市政府。該工程不僅改善了士林地區的排水及環境衛生，有效地促進其繁榮，更使台北市多出 42 公頃可運用之土地。

在基隆河改道之前，跨越河道的士林吊橋是當地民眾往來士林與社子間的重要通道，具有重大的意義，因此在吊橋遭拆除後，北市府都更處便順應當地居民之要求，於基河路與大南路口的承德公園（1988 年啟用）轉角綠地上，打造了一個紀念空間，讓大家可以透過老照片與文字說明，了解基河路與鄰近士林夜市的發展沿革。

而坐落於士林吊橋遺址附近，在 1997 年 3 月

28 日正式通車的台北捷運劍潭站之外觀，正是以士林吊橋為設計之藍本。

1976 年 1 月 5 日，台灣第一座立體停車場《峨眉立體停車場》在西門町一片「車滿為患」聲中正式啟用；這座停車場為地上 6 層（停汽車）與地下 1 層（停機車），採用電腦計時收費，可同時容納 665 輛汽車及 450 輛機車。

當年峨眉立體停車場的出現，猶如及時雨一般，迅速改善了台北西門鬧區的停車問題。不過你知道嗎？它的前身其實是一間由台北市政府經營的戲院，名叫「兒童戲院」，顧名思義，就是為了兒童而設立的戲院。

1959 年 6 月 27 日，台北市政府針對附屬於社會教育館的兒童戲院興建問題舉行第三次會議，會中決定將興建地點自原先規劃的新公園移至西門町的峨眉公園。

台北市立社會教育院附設兒童戲院第一期工程於 1959 年 10 月 31 日發包，第二期工程於 1960 年 2 月底發包。整體工程於 1961 年 9 月底完工。

1963 年 5 月 28 日上午 9 時 30 分，歷時 3 年 5 個月、耗資新台幣 784.8 萬元籌建的兒童戲院正式開幕，由台灣省政府主席黃杰親臨揭幕；這座位於台北市峨眉街 81 號（昆明街口）的四層樓鋼筋水泥建築，佔地 395 坪，可容納 1,343 位觀眾。

和一般戲院不同的是，兒童戲院在營運上特別強調自己「為兒童服務」的特質，除了選映富

有教育意義的故事片，還會播放知識片、卡通娛樂片和新聞紀錄片。

此外，為了因應多元化的需求，兒童戲院的舞台設計亦極富變化性，不但便於進行音樂、舞蹈、戲劇等藝術表演，開會所需的相關配備也一應俱全，可提供給場地設備不足的國民學校（國民小學前身）舉辦大型會議和畢業典禮。

而為了讓小朋友能舒適地觀賞影片，兒童戲院還裝置了當時最新型的冷氣機，具備自動開關、安全控制之功能；除了可以透過冷氣調節，讓戲院內部維持涼爽的溫度，其空調系統還可以將污濁的空氣經由舞台底部及出口導出，待過濾清潔後，再導回到冷氣室，周而復始地讓戲院裡的空氣常保清淨。

兒童戲院開幕時的票價制定如下：團體優待票價區分為普通、二輪、首映三種，普通團體票每人 1 元，二輪團體票每人 2 元，首映團體票每人 3 元，個人票價則比照甲級或乙級戲院收費；其收費標準乃以戲院經營時的最低成本要

求為考量，若有盈餘則全數作為發展兒童教育及增進兒童福利之用。

原本台北市政府規劃讓兒童戲院在平日白天放映兒童電影，平日夜間及假日則作為市內國民學校的表演及遊藝場所，然而兒童電影的片源不足，後來兒童戲院只得依照一般國片院線排片，不過每周仍會有一天供國民學校之活動演出使用，此外也有不少成人劇團在裡頭表演過。

到了 70 年代，電影業蓬勃發展加上車輛數迅速成長，擁有三十多間戲院的西門町出現了停車空間嚴重缺乏的窘境！台北市政府遂決定將坐落在西門町中心的兒童戲院改建成一座可停放大量車輛的立體停車場。

1973 年 1 月 6 日，台北市長張豐緒公開表示自己認為兒童戲院對於兒童之活動無具體助益，所以決定將在該年於原址集結民間投資興建立體停車場。

這是兒童戲院在1963年5月28日開幕時的模樣，當天由台灣省政府主席黃杰親臨揭幕。

1973 年 3 月 18 日，台北市都市計劃委員會決定將包含兒童戲院在內的昆明街與峨眉街口公園保留地，予以變更為停車場用地。

於是，兒童戲院在 1973 年 11 月 1 日停業，結束其短短 10 年 5 個月的歷史。

1975 年 6 月 25 日，耗資新台幣一億餘元，由台北市政府工務局新建工程處承建的「峨眉立體停車場」開始動工興建；後於 1976 年 1 月 4 日完工，並於當日下午 2 時移交給台北市警察局接管。

1976 年 1 月 5 日上午 7 時，位於台北市西門町的台灣首座立體停車場「峨眉立體停車場」正式開放供民眾使用；地上 6 層、地下 1 層之總面積為 20,362 平方公尺；地下室為機車停車場，可停放機車 450 輛，一樓至頂樓（屋頂）為汽車停車場，共可停放大客車 5 輛及小客車 660 輛；停車場之使用與收費設備，全部採用電腦控制。

不過，峨眉立體停車場的進出車道是併在一起的，這種「單螺旋」設計雖然在施工上比較簡便，但卻讓車輛在進出場時容易因相對行駛而發生碰撞，反觀當時歐美國家的立體停車場，其進出車道大都採「雙螺旋」設計，就是為了避免發生車子對撞的狀況。

很快地，西門町的停車空間又不敷使用了，於是地點在環河南路一段 1 號的「洛陽綜合立體停車場」便應運而生，於 1985 年 10 月 16 日開工、1988 年 6 月 29 日竣工，並在 1988 年 10 月 12 日上午舉行啟用典禮，裡頭可停放汽車 1,654 輛、機車 277 輛。而這回的車道設計，總算是將進、出場的螺旋車道給分開了。

我在小六的時候，曾於 1984 年 1 月 27 日代表母校西門國小參加台北市立動物園為了規劃動物園遷離後理想的兒童樂園而在台北市立圖書館民生分館舉辦的腦力激盪活動；參與活動的三十名小朋友來自台北市多所小學，大家在活動最後畫出自己心目中未來兒童樂園的樣貌，而我當時畫了一個充滿電腦與機器人的科技化遊樂場，遊客可以站在電動履帶遊覽整個樂園，不需自己行走，而履帶兩側設置了電腦化設備，有機器人負責導覽與服務。

大家畫完後，由現場的媒體記者進行投票，我的作品獲得了最多票，猶記得第二名的作品是一個迷宮，隔天我的照片登上了翌日國語日報的頭版，可說是我小學時期的高光時刻，嘻

嘻！

1986 年，動物園搬遷到木柵，北市府在圓山舊址建設了兒童育樂中心，其中有個區域叫作「明日世界」，那時候我深深覺得應該和我小六參加活動時所畫的內容有關，但也可能根本和我無關，是我自己想太多了，哈哈！（可惜的是，明日世界已在 2014 年隨著兒童樂園搬到士林而成了明日黃花。）

那麼，你知道台北市的動物園和兒童樂園有多久的歷史嗎？

根據 1914 年 4 月 2 日《台灣日日新報》第 7 版的記載，台北動物園最初的創辦人是一位來

自日本的馬戲團團長，片山竹五郎。

1913 年底，日人片山竹五郎率領團員多達 70 餘人的「大竹娘曲馬團」來到台灣，首先於 1914 年元旦假期在台北的新起街市場（今西門紅樓）演出，接著前往台中和台南演出。

片山團長率領的大竹娘曲馬團以馬術為主，例如將三匹馬綁在一起，馬上站兩人，兩人共挑竹竿，竹竿上頭再站一個人之類的特技，此外也有大象的表演。

大竹娘曲馬團此番來台，還另外帶了三種稀奇的動物，即大蛇、大鱷魚和大棕熊，自 1914 年元旦起，將之置放於艋舺媽祖宮口街（今萬華區西園路和貴陽街口一帶）供人觀賞。半個月後，大蛇暴斃，片山竹五郎將蛇屍泡在藥水裡，連帶大棕熊一起送給博物館。

1914 年 2 月初，片山竹五郎又從南洋買來猩猩，但這次不再開放展覽，而是要善加培育。根據報載，片山喜歡飼育動物，不過他在日本

飼養的猩猩不曾存活超過三個月，常死於運送的船上或是登陸幾天後即告夭折。而當他到了台灣後，發現台灣的氣候溫暖，成功飼育動物的可能性比在日本高出許多；於是，片山便開始向日本內地的動物園購買各種珍禽猛獸，在台北籌設起動物園來了。

不知是片山做事有效率，還是百年前的海運速度超乎想像，不到兩個月的時間，他已買來了義大利的孔雀、澳洲的袋鼠和駝鳥、錫蘭的火喰鳥和印度蛇等十幾種來自世界各地的動物，並隨即於 1914 年 4 月 5 日在台北圓山開設動物園了。當時園內的鸚鵡既會學狗叫，也會講日語「歐多桑」（爸爸）和「歐卡桑」（媽媽），為動物園增添了新奇的趣味性。

1915 年，台北廳政府買下由片山竹五郎草創的圓山動物園，將之改為官營動物園，園內飼養的動物以哺乳類、鳥類及爬蟲類為主，大多數為台灣本土的動物。根據報載，開幕之初展出的動物共有 70 種 148 隻，週日的參觀人數達到 800 人，以當時台北市僅 17 萬的人口來

看，算是十分熱鬧了。

至於目前台北市立動物園官方資料所記載的台北動物園創辦人「大江氏」，其實是官營台北動物園初期的養育主任大江常四郎，他在 1920 年出差到新加坡購買老虎時，不幸病逝於當地；雖然大江氏為了動物園鞠躬盡瘁、死而後已，但他終究不能算是台北動物園的創始者。

1934 年，台北市役所（台北市政府）買下圓山動物園之鄰接土地，增設了「兒童遊園地」。

台北動物園於二戰末期曾短暫關閉，由於動物園在戰爭中隨時有可能遭到空襲，園方為了避免動物在園區遭到破壞時逃脫而傷害到民眾，便於 1943 年執行「猛獸處分」，以添加化學藥劑的飼料餵食老虎、獅子、黑熊、大象等對人類有威脅性的大型動物，令其死亡。

二戰結束之後，台北圓山動物園於 1946 年重新開放，當時北市府將動物園和兒童遊園地分開經營（兒童遊園地於 1958 年轉為民營）。

歷經戰火摧殘的圓山動物園所剩動物數量雖然不多，不過園內欄舍受損的狀況並不嚴重，其建物規模與日本時代相去不遠。1946 年 6 月，張明印奉派接任園長，為戰後首任園長，根據 1946 年底之統計，園內只有 178 隻動物與 4 名職員。

1950 年代，圓山動物園開始進行擴建工程，除了新增獸欄，亦大量引進新品種的動物。

為了吸引遊客，圓山動物園自 1951 年起不定期舉行動物表演與動物展覽會等活動，後來因為動物表演廣受歡迎，而被園方安排成為假日固定演出的戲碼，其演員包括狗、猴、獅、熊、山羊及鸚鵡等多種動物。

1952 年，園方大量購置動物，其中包括象、豹、熊、獅。

1953 年，園方陸續修建獸醫室，並擴建園區大門。

1958 年 10 月 30 日，由北市府委託民營之台灣育樂事業股份有限公司在圓山動物園「兒童遊園地」建置的「台北市立中山兒童樂園」正式對外售票營運（最初票價為大人 1 元、兒童 5 角）；當時所引進的大型機械遊樂設施十分新穎少見，加上毗鄰圓山動物園和再春游泳池，令其立刻成為大受歡迎的熱門休閒場所。

兒童樂園裡的碰碰車（我最愛的）、咖啡杯、龍鳳船、音樂馬車（旋轉木馬）、峽谷列車、摩天飛車、輻射飛椅和摩天輪等遊樂設施，創造了無數人的美好回憶！

圓山動物園從 1961 年開始與日本的動物園進行多次的動物交換、贈送與購買，其中以引進長頸鹿最為轟動。

1967 年，圓山動物園進行改建及興建綜合大樓等 10 項工程，當時的員工編制已達 30 人。

1968 年，台北市政府收回中山兒童樂園，將之劃歸教育局管理。

1970 年，兒童樂園被併入動物園，並更名為「動物園附設兒童遊樂場」，簡稱「兒童遊樂場」，不過大眾仍習慣叫它「兒童樂園」。

1979 年，因應時代變遷，圓山動物園結束了持續近 30 年的動物表演。

1982 年，圓山動物園成立了全國社教機構的首支志工團隊「動物園志工隊」，負責在園內為遊客導覽與講解。

1986 年 8 月 15 日，圓山動物園關閉。同年 9 月 14 日台北市立動物園舉行動物搬遷大遊行，載著各種動物的車隊從圓山至木柵一路上（長達 14.3 公里）浩浩蕩蕩，吸引許多民眾夾道圍觀。

1986 年 10 月 31 日下午 3 點，台北市立動物園木柵新園區正式開幕。

1986 年 7 月 1 日，北市府成立台北市立兒童育樂中心籌備處，計劃在動物園搬至木柵後，於

圓山動物園舊址（約 7 公頃）闢建兒童休憩娛樂設施，並合併旁邊的兒童樂園（約 3 公頃）一同經營，以「寓教於樂、啟迪新知、傳承民俗、美化人生」四大服務理念為設立宗旨。

1990 年 12 月 29 日上午，於圓山動物園舊址建設的「昨日世界」在鑼鼓喧天與舞獅表演中，熱鬧地舉行了開幕典禮，由當時的台北市長黃大洲和台北市議會議長陳健治剪綵揭幕。「昨日世界」以仿古的閩式建築群為硬體，搭配表演、展覽等歷史文化軟體，供遊客體驗先人之生活環境；共分為神話世界區、民俗童玩區、民俗工藝區與民俗文化區等四大部分。

1991 年 7 月 1 日，面積廣達 9.8 公頃的「台北市立兒童育樂中心」正式成立，為台北市政府教育局所轄之社教機構。

1992 年，以介紹科學新知為主的「明日世界」啟用，由展示基礎科學實驗器材的「科學展示館」（兒童科學館）、放映自然科學影片的「太空劇場」（3D 奇幻劇場）和位於圓山最高處

的「親子景園」所組成。

至此，台北市立兒童育樂中心的三大世界：寓教於樂的「遊樂世界」（原兒童樂園）、傳承民俗的「昨日世界」，與啟迪新知的「明日世界」，終於全員到齊！

2006 年 4 月 11 日，台北市立兒童育樂中心園區被全部納入國定遺址範圍，因而受到航高、文化資產保存法、水利法等諸多限制，故難以進行開發與更新。

2007 年 10 月，北市府決定在士林區另闢一座佔地約 5 公頃的全新兒童樂園，並將之與鄰近的台北市立天文館、國立科學教育館、美崙公園，與雙溪水域進行整體規劃，計劃打造一處兼具遊樂、休閒與教育的都會型親子園地。

2014 年 3 月 2 日是台北市立兒童育樂中心「昨日世界」的最後營運日；同年 12 月 14 日則為「明日世界」以及長達 80 年歷史的兒童樂園（遊樂世界）之最後開放日，當天下午 5 點，

承載許許多多歡樂與笑聲的圓山兒童樂園功成身退，我能夠重溫童年回憶的地方又少了一個，而且是很重要的一個。

2014 年 12 月 16 日，北市府委託台北捷運公司營運的「台北市立兒童新樂園」開幕，正式成為圓山兒童樂園的接班者，繼續為廣大的兒童們服務。

昔日圓山動物園、兒童樂園的大門都位於台北市中山北路三段的西側，動物園的大門靠近台北廣播電台，兒童樂園的大門則在動物園大門的北方不遠處，靠近基隆河。

31

建成圓環

建成圓環因位於昔日的台北市建成區（前身為1922年「町名改正」後的建成町，意喻「建設成功」，戰後在1946年併入重劃之建成區，後於1990年併入大同區迄今）而得名，由於美食雲集而成為台北市知名度最高的圓環，故亦被稱作台北圓環；其地點在大稻埕鬧區的四條道路（重慶北路、寧夏路、南京西路、天水路）交會之環狀區域的中央，面積為1,732平方公尺。

清代漢人來台開墾以前，這一帶是一大片的低窪沼澤地，在道路開發之後，才形成一塊由四條道路交會而成的空地，即建成圓環之前身。日人統治台灣後實施市區改正，崇尚西洋化的日本人於1908年在這塊空地上畫了個大圓圈，並沿著圈緣栽種七里香，在圓心處種植了榕樹，還設置了椅子供民眾休憩，人稱「圓公園」，圓環於焉誕生。

由於位處大稻埕海陸交通腹地，附近有大稻埕碼頭與淡水線鐵路的大稻埕車站、台北車站、大正街車站，圓公園開始出現攤販聚集，很快地，便成為日本時代台北市區人氣最旺的特色小吃聚落。

二戰後期，為減少空襲帶來的傷亡，攤販被禁止進入圓公園營業，並於1943年在公園中央建造了防空蓄水池（於2003年被指定為市定古蹟），供戰時避難與消防之用。戰後，圓公園的防空蓄水池被填平了，攤販們也一一回歸了。

50 年代，建成圓環附近的建築一幢接著一幢蓋，攤販活動的範圍與其並進，迅速蔓延，擴張到寧夏路與重慶北路一帶。1953 年，在此聚集的流動攤販，先是用公園的樹當支柱，搭起有蓋的竹棚，後來索性把樹木砍掉，令公園漸漸變成市場。1954 年，攤販們共同募資進行建設，讓移動式的攤販群變成了固定位置的建築聚落。於是，建成圓環與鄰近之南京西路、保安街、歸綏街的商家連成一氣，圓環商圈就此成形。

60 年代是建成圓環夜市的全盛期，來自各地的攤商進駐其中，最多達到了 97 攤，每日蒞臨的顧客超過 2 萬人；重慶北路從南京西路口一直到後車站，入夜後便是遊人如織、燈火如晝；圓環夜市加上重慶露店，成為當時台北規模最大的夜市，與艋舺龍山寺周圍的夜市（包括龍山商場、西昌街夜市、廣州街夜市、華西街夜市、梧州街夜市）齊名，而有「北有圓環，南有龍山寺」之說。

1973 年，北市府為拓寬重慶北路，拆除了重慶露店，令夜市光芒漸暗，讓圓環成了孤島，人們對這兒的回憶也開始變得模糊。

80 年代之前，建成圓環一直是台北市的重要地標之一，然而隨著台北鬧區東移，成員多為違建攤販的建成圓環漸趨沒落。

到了 80 年代，電視機普及加上錄影帶風行，使得圓環一帶的戲院接連歇業，這對建成圓環的生存困境來說，無疑是雪上加霜。

1993 年 2 月 1 日，寧夏路 11 號已停業的「國聲戲院」進行拆除工程，電焊工人在熔切鋼筋時不慎引燃工地的廢棄物而造成大火，不料火苗竟飄到距離約 100 公尺遠的建成圓環攤商屋頂上，結果火勢一發不可收拾，不一會兒便令圓環將近一半（東半部）的小吃攤付之一炬。

1999 年 2 月 22 日，祝融再臨建成圓環，起因是賣清粥小吃的「寶月號」老闆娘在煎魚時短暫離開，沒想到無人看顧的攤位突然就失火了，令整個圓環陷入一片火海，不僅將圓環內

僅剩的十幾攤又燒毀了十攤，也燒掉了建成圓環最後的商機。翌日，馬英九市長表示「不能讓這把火白燒，應該加速建成圓環改建的腳步」，並決定綠化建成圓環，將它改造成為一個美食公園。

1999 年 6 月，建成圓環再生案出爐，新圓環由舊址向南移動兩個車道且為低密度開發的兩層樓美食中心，每個攤位平均 4.5 坪，共計 66 個攤位，而經營模式則參考一般百貨公司美食街的作法，有主食區及共食區。配合建成圓環再生案，警政署外事警察局將遷往建成區公所舊址，原址則由市府興建為大稻埕文化中心，而圓環在南移之後，可成為「文化通廊」步道。

台北市都委會於 2000 年 3 月 13 日審議通過建成圓環再生案，並把它送交內政部都委會繼續審查。然而，內政部都委會專案小組在審議時，認為改建後的圓環公園量體太大，與公園興建只能有 10% 建蔽率之規定衝突；為突破此瓶頸，最後仿效台北車站都市計劃變更案，將之變更為特定專區，由市府進行開發。最

這是我出生那年（1972）的「建成圓環」夜市，以及一旁即將因為道路拓寬而須遭拆除的「重慶露店」。

台北拾遺 Sweet Taipei

後，內政部於 2000 年 10 月 24 日通過建成圓環再生案。

受委託的李祖原建築師事務所向外界說明其規劃之「生命之環」，並舉辦多次的座談會，希冀藉此了解當地居民及業者對於建成圓環再生案的想法，以期能夠符合民意與大同區之特色。

為順利推動建成圓環再生，台北市公園路燈管理處於 2001 年 3 月 29 日進行第一階段的圓環建物拆除工程，並在簡易綠化後，交由都市發展局接手辦理。

豈料，因設計工程經費超過預算額度及地下層施工困難等問題，圓環拆除工作必須暫時延擱。值此期間，台北市市場管理處辦理兩次招標，但因無廠商參加而流標。

之後，經過都發局函請委託設計之建築師變更設計，將工程原規劃設計地上兩層、地下兩層之建築，變更為地上兩層、地下一層局部開挖；

而在變更設計後，攤位數則減少為 29 個，並將施工費控制於預算總工程費內辦理發包，此案最後在 2022 年 1 月 3 日決標。

2002 年 4 月間，建成圓環新建工程開挖地面時，意外發現地下有大片紅磚牆面，北市府遂緊急停工，並邀集文獻古蹟專家進行鑑定，確定是戰時的防空蓄水池（高 2.2 公尺、直徑 11 公尺），足以見證二戰期間的台北市民生活，極具歷史價值；基於保存城市歷史記憶，工程單位配合辦理變更設計，採取原貌保存方式，將珍貴的歷史遺跡融入圓環的新建場館裡。（北市府後於 2003 年 9 月 23 日公告指定「大稻埕圓環防空蓄水池」為市定古蹟。）

於是，建築團隊便以昔日圓環的防空蓄水池為中心，保留圓環夜市之圓形概念，打造了一棟全新的三層樓建築，不過其位置已與舊圓環不同，不僅縮小了面積還將圓心南移約 7 公尺，並把圓環南側的道路封閉成為人行道，令重慶北路與南京西路交會處變成了十字路口，故「圓環」至此已名存實亡。

2003 年 1 月，建成圓環的主體工程大致完工，為一棟地下一層、地上兩層的建築，共規劃 25 個攤位。然而，議員及業者代表於當年 4 月一同視察時，卻對總工程費達新台幣 7,390 萬元的改建工程相當失望，究其原因，主要是對設計工程持有不同看法。業者表示美食館的規劃並未採納業者的意見，以致整個設計未考慮到小吃店的需求，館內沒有無障礙空間、未設置中庭，飲食區的空間也過於狹小，自治會長陳震盛認為如此設計的美食館，很難吸引消費者上門。針對上述缺失，議員要求市場管理處等單位應立即改善，並要求預定當年 5 月開幕的承諾，不得再次跳票。

面對議員與業者的批評，規劃美食館的李祖原建築師事務所設計師李宏順則表示，美食館位於交通要道，為避免造成視覺上的障礙，外圍採取玻璃帷幕，以開放方式表現，該設計成品已獲得國內一致好評，至於空間配置問題，則是受到容積率、建蔽率的影響，所以攤位格局顯得過於狹窄。因此，要必須同時兼顧都市景觀和業者的需求，難免會有衝突。

爭執歧見未獲解決，導致「建成圓環美食館」的開幕時程一延再延。市場管理處表示延後是為了配合業者要求，業者則認為是廣告招商與瓦斯內管裝接並未完成所致，再加上改善工程尚未竣工，環保署補貼洗碗機也未定案，只得再將開幕日期延至 10 月 4 日。

因建成圓環美食館遲遲未能開幕而承受極大壓力的市場處表示：「這是最後一次的延後，業者如果再不進駐，市場處將收回建成圓環的經營權。」於是，就在緊張的氣氛中，歷時三年、耗資新台幣兩億元興建的「建成圓環美食館」終於在 2003 年 10 月 4 日正式開幕。

不過原本圓環內的一些知名老店，包括萬福號（割包、潤餅）、三元號（魚翅肉羹、魯肉飯）、龍鳳號（魚翅肉羹、肉捲）等，早已遷至鄰近重慶北路上開店營業，因此皆沒有進駐。此外，新的圓環建築設計，也沒有考慮到經營小吃的需求，不僅空間動線十分狹窄，且玻璃帷幕的設計使得場館常因西曬而過熱。結果營運不到三年，「建成圓環美食館」裡的店

家由 20 攤收到只剩 6 攤，且虧損嚴重，最終在 2006 年 7 月 2 日熄燈落幕。

2006 年底郝龍斌市長上任後，隨即著手進行圓環再造。2008 年北市府招標委由華旭公司經營建成圓環，兼顧管狀建築體設計和圓環美食歷史意涵，以「進入老台北的新大門」之定位，將它更名為「台北圓環」重新開張，希望結合文創來推廣美食，期能成為經典的國際化觀光地標。

2009 年 6 月 22 日，建成圓環更名為「台北圓環」重新開幕，業者捨棄小吃模式，改以流水席辦桌方式經營，但生意仍不見起色，為了吸引人潮，甚至還引進「人妖秀」。

無奈這次的再出發仍不順遂，由於跟北市府承租的華旭公司和實際負責經營的流水席公司，在租金認知上出現歧異，二房東華旭公司主張圓環新增頂棚工程費應由承租的流水席公司承擔，而片面將租金由每月新台幣 25 萬調漲至 50 餘萬，雙方因此步上法院，導致「台北圓環」在 2011 年 5 月 1 日熄燈歇業，僅營運了短短兩年的時間。

一年後，2012 年 4 月 9 日，由素有「媒體教母」之稱的聯廣集團董事長余湘與知名節目主持人于美人接手管理的「台北圓環」重新開幕。這一回，經營團隊重拾建成圓環之初心，以「圓公園」與「美食」為概念，推出「水綠圓環」和「火紅國宴」，試圖延續民眾記憶中的圓環傳統美食。

郝龍斌市長在出席揭幕典禮時表示：「圓環是老台北人共同的記憶，儘管過去經營團隊與建築並不是很契合，不過這次重新出發，絕對可以讓圓環風華再現，讓圓環成為台北市樂活、美食的休閒場所。」

新團隊除了主打「國宴美食」，並加入大稻埕的信仰文化元素，將之包裝為保庇文化概念館，但生意仍無明顯起色。當地建功里里長周志賢直言，台北圓環因先天不良，根本不適合作為餐廳，一個大玻璃建築，與周遭環境格格

不入，「倒不如拆掉做為公園！」。

2014 年 12 月，「台北圓環」因開設夜店而引發多方討論。

2015 年 4 月 15 日，新上任的台北市長柯文哲表示，「台北圓環」將在 2016 年 7 月委外合約到期後便不再續約，並由台北市政府接管，且有可能拆除。

2016 年 6 月，台北市長室會議決議，朝「拆除台北圓環現有建物、重現圓環地景廣場」之方向規劃，並指示市場處籌措拆除經費，以及公園處編列 106 年度預算負責拆除後的規劃，預計在 2017 年 8 月世大運開幕前完成。

2016 年 7 月 9 日，台北市政府產發局表示，建成圓環在 2002 年改成玻璃帷幕建物後，因設計不良，生意持續下滑，雖歷經多次的歇業與重新開幕，其經營仍不見起色，因此北市府傾向將台北圓環建物拆除改闢成廣場。

2016 年 11 月 24 日，台北圓環建物啟動拆除工程。由於建物中有一處自 1943 年留存至今的戰時防空蓄水池（在 2003 年被指定為市定古蹟），經文化資產審議委員會決議，將在拆除台北圓環建物過程中完整保留，之後再讓它呈現於新闢的地景廣場中。

2017 年 1 月 28 日，台北圓環建物被完全夷為平地。緊接著，北市府斥資新台幣 1,900 萬元在該處打造了直徑約 40 公尺的「建成圓環廣場」（北端有市定古蹟「大稻埕圓環防空蓄水池」），於 2017 年 7 月 20 日正式啟用。

就這樣繞了一大圈，建成圓環又回到了百年以前的公園模樣。

32

中華體育館

我曾於 1988 年 9 月 16 日在中華體育館看過「大衛魔術」（The Magic of David Copperfield），可惜兩個多月後，它就被燒毀了 :(

1963 年 11 月正式啟用的中華體育館位於台北市南京東路四段 53 號（今台北體育館正對面，近敦化北路口），是台灣早期的大型體育館之一；當時之所以會興建這座大型室內體育館，乃源於我國在 1960 年爭取到第二屆亞洲籃球錦標賽的主辦權，但在台灣卻沒有合適的比賽場地，於是當時的籃協理事長易國瑞找上泰國華僑林國長（中泰賓館創辦人）幫忙，林國長便設立了「中華體育文化活動中心基金會」（簡稱中華基金會），獨資興建「中華體育文化活動中心」（簡稱中華體育館）以供亞錦賽

之用。

耗資新台幣三千萬元的中華體育館興建工程於 1963 年 3 月動工，館內採圓形環繞設計的座位區，可容納一萬兩千名觀眾，是當時台北市最大也是少數由民間出資興建的體育館；歷經 7 個月的趕工，總算順利地在當年 10 月底完工，而啟用之後的第一個用途，便是在一個月後舉行的第二屆亞錦賽。

1963 年 11 月 20 日，中華民國主辦的第二屆亞洲籃球錦標賽在嶄新的中華體育館揭幕，共有來自世上八個國家（或地區）的球隊參賽，該屆賽事在 12 月 3 日結束，最終賽果從一至八名依序為：菲律賓、中華民國、大韓民國、泰

1988年11月20日晚間，25年歷史的「中華體育館」毀於可惡的老鼠會「鴻源機構」之手！

國、馬來西亞、香港、新加坡、越南。

1980 年 12 月，中華體育館獲得政府補助八千萬元，進行內部整修工程並裝設了空調設備，於 1981 年完工。

值得一提的是，威廉瓊斯盃國際籃球邀請賽自 1977 年第一屆開始，一直到 1988 年的第十二屆，都是在中華體育館進行比賽，當時只要有中華隊出賽必定造成轟動！不僅帶動台灣籃球運動的發展，更是眾多球迷的共同回憶。遺憾的是，1988 年的一場火災毀掉了中華體育館，還令原訂 1989 年 6 月舉辦的第十三屆瓊斯盃被迫延期一年。

除了作為運動比賽場地，中華體育館內所建置的活動式舞台，可進行舞蹈、戲劇、演唱會等表演以及舉辦大型活動。

1986 年 12 月 31 日，滾石唱片在中華體育館舉辦的「快樂天堂跨年演唱會」，是台灣流行樂壇的第一場跨年演唱會。

1988 年 11 月 5 日，由台灣電視公司製播、張艾嘉與陶大偉主持的第 25 屆金馬獎頒獎典禮在中華體育館舉行，這是金馬獎頒獎典禮第一次在中華體育館舉行，卻也是最後一次。

1988 年 11 月 20 日，台灣史上最大詐騙集團「鴻源投資機構」在中華體育館舉辦其「第四屆員工運動大會」，當晚 6 點 5 分，啦啦隊竟在館內施放沖天炮，不料竄飛的焰火擊中 40 公尺高的屋頂防水層並且燃燒起來，火勢一發不可收拾！

警方獲報後，在 7 分鐘內派遣了 43 輛的消防車與救護車以及 162 名消防員趕赴現場，猛烈的大火難以控制，燃燒了一個半小時才被完全撲滅，走過了 25 年歷史的中華體育館因此被燒掉了大半的屋頂！事發當時，館內的一萬多人幸好疏散得宜，在這場災難中僅有 15 人受到輕傷。

由於承諾會將中華體育館拆除重建的鴻源集團在 1990 年初因政府打擊非法吸金而突告倒閉，

使得中華體育館的重建計劃就此延宕。

1993 年，僑泰興企業董事長林命嘉（林國長的次孫）所負責的中華基金會正式展開了中華體育館原地重建計劃；新館由知名建築師李祖原設計，工程由達欣工程承攬，預估之重建經費高達新台幣 25 億 3 千多萬元。

1996 年 2 月 15 日，中華體育館重建工程由當時的台北市長陳水扁主持動土典禮，新館之名則沿用中華體育館最初的名稱「中華體育文化活動中心」；主體建築高 31 公尺、長寬各 80 公尺，正門的精神牌樓高 55 公尺，地下一、二層為商圈，地下三、四層為停車場，台北捷運松山線將從地下四層穿過。時任達欣工程董事長兼籃協理事長的王人達表示，新館進行棒球與足球以外的各種球類比賽均不成問題，不過因為籃協與中華基金會訂有協議，未來的活動會以籃球為最優先。

然而，開工後不久即傳出中華基金會無力支付工程款的消息，於是施工單位在完成地基後便決定無限期停工。

1999 年，中華基金會積欠工程款（約新台幣三億六千萬元）之債權人向法院聲請拍賣中華體育館原址土地以抵償債務，於是中華體育館原址的部分土地遭分割淪入法拍，但拍賣案長年乏人問津。

2006 年 8 月，台北捷運松山線之台北小巨蛋站興建工程開工，北市府徵收中華體育館原址部分土地作為該站出入口之用。

拜台北都會區地價飆漲之賜，讓中華基金會得以清償相關債務；2007 年 1 月，林命嘉委託律師向台北地方法院表示願意以現金清償全部債務，當時中華體育館原址土地之市價約為新台幣三十餘億元。不過，林命嘉卻決定重新開發此地，不再用來建造體育館。

2007 年，法院判決由二位買家以新台幣 2.88 億元經法拍取得中華體育館原址之分割土地；之後他們欲將土地轉售其他投資人時，中華基

金會以優先購買權為由提起訴訟，要求塗銷土地移轉登記；雙方纏訟多年，判決結果一直是中華基金會勝訴，直到 2023 年，判決出現了變化。

2023 年 8 月 25 日《經濟日報》報導：「先前官司都判決中華基金會有權買回，但高院更三審出現大逆轉，原判決遭廢止，等於擁有法拍土地的投資地主，可以自行開發，閒置 35 年的基地有望重生，房產業者估計開發價值將在 70 億以上，若判決確定，當初以 2.88 億取得的兩位神買家將是最大贏家。」

究竟，這塊土地在中華體育館逝去之後，還會出現什麼樣的變化？就讓我們繼續看下去。

星光旅社（艋舺謝宅）

33

出生後即住在三合院的我，對艋舺謝宅的印象十分深刻，因為它就在我老家對面；80年代初期我家改建為公寓，周遭的老屋也一一都更，這讓謝宅的存在更顯珍貴。

我小時候，我的表姑丈就在謝宅東側開設的「星光旅社」服務，我常和鄰居在裡頭玩耍穿梭，印象最深的是中間的天井，關於謝宅的故事也略有耳聞；後來謝宅成了古蹟，卻已不見天日許久，真心希望它能夠早日完成修復。（不過，謝宅真的有在進行修復工程嗎？）

市定古蹟「艋舺謝宅」坐落於台北市萬華區西昌街與長沙街交會處的西南隅，地址是西昌街88號，就在艋舺市街發源地「番薯市」（今

貴陽街二段底）附近；原為一座三進院落的四合院大宅，建於清光緒16年（1890年）左右，曾是艋舺一帶著名的船頭行，進行台北與漳泉間的貿易，對於艋舺地區之發展有重要的貢獻。

艋舺謝宅最早的主人是歐陽長庚，他於1880年代由福建晉江移民至艋舺，開設「建發船頭行」，專營閩南與北台灣之間的貨物運輸，因生意興隆，遂於1890年代在艋舺興建了此一坐西向東、三進帶有左右護龍的大厝，後於1905年因日人實施「市區改正」拓寬道路，有部分遭到拆除。

1920年，歐陽家自行拆除了昔日船頭行所在

的東側第一進門屋，並就地建造了兩側臨街有騎樓的兩層樓「三角窗」磚造街屋；其主結構為鋼筋混凝土構造，柱子使用磚砌，樓板則為傳統木桁架，木結構之梁架高大，這類磚木混合構造盛行於當時台灣的新興建築；其屋頂桁架為西洋式三角桁架之變形，一樓外圍設有拱廊騎樓，二樓開了弧形拱窗，外牆面為洗石子材質，於兩層樓之間有一綠色裝飾帶。

時至戰後 1945 年，歐陽家第三代歐陽江淮因財務拮据，打算將祖厝賣給當時在廈門開設「建松洋行」作布匹生意賺了不少錢的老松國校同窗謝溪圳；由於歐陽江淮十分珍視祖厝，故要求謝溪圳必須發重誓承諾未來絕對不會拆屋賣地，才肯將房子賣給他。於是，歐陽祖厝就此變成了謝宅。

謝溪圳於 1949 年攜家帶眷返回艋舺這裡居住，並於 1952 年整修謝宅，把東側三角窗街屋的二樓分隔成多間面積狹小的房間作為客棧營業，取名為「星光旅社」；其設備雖簡陋，卻是從前台灣社會鬧市裡常見的客棧型態。

同時，謝溪圳還將昔日歐陽家供船工住宿的西側第三進廂房，改建成兩層樓磚木構造的「月光浴室」供住客使用，但由於浴室之營運需燃燒大量煤炭，而屢遭環境清潔處（環境保護局前身）開罰，最終被迫在 1971 年結束營業，並於 1976 年改建為地下一層、地上五層樓的公寓（1976 年 1 月 5 日開工、10 月 14 日完工），地址為長沙街二段 174 號與西園路一段 23 號。

第一進的星光旅社除了二樓重新隔間外，其主要構造、規模與外觀，和日本時代相去不遠。

第二進傳統閩南式建築的保存最為完整，臨長沙街側的廂房曾開過「建松雜貨店」、命相館、西褲定作修改、書畫裱框等店舖。

該區域面寬三開間，屋頂為硬山單簷式，並鋪以仰合瓦，採用火形山牆，山牆下有青釉花磚的通氣窗；中廳的樑架為疊斗式構造，兩側木隔牆以仿「閣樓挑台」形式建造，收以精緻的格柵欄杆，更有抬高內部屋架的效果。

中廳前步口作為前檐廊，內部構架為四桁架，捲棚屋頂，通樑下有透雕之通樑；入口採「三關六扇」門，左右各四片格扇，上有螭龍透雕，其造型生動、雕工精湛，為艋舺地區所罕見。

正廳裡有雕刻精美的神龕，用以奉祀祖先及神明；神龕的後方留有「前堂後」，是通往後方院落的空間。

院落間有一天井，被設置為簡單的小庭院，其護欄有造型石刻；天井的兩側為平面屋頂之廂房，其樓頂與第一落後方二樓露台皆築有 80 公分高的女兒牆，牆中裝飾了青釉花瓶欄杆，在第一落後方的門板上則刻有「松、蘭、竹、梅」等圖案。

1998 年，年邁病重的謝溪圳為了信守他對前屋主歐陽江淮的承諾，決定把名下此座宅院捐贈給台北市政府，並極力主張應將這座超過百年歷史的古厝列為古蹟，以確保其能永續留存。

經專家鑑定之後，謝宅之一、二進與中庭由北市府依《文化資產保護法》核定為宅第類古蹟，並於 1999 年 1 月 7 日公告指定為直轄市市定古蹟，可見證清代中葉行郊歷史，亦為 50 年代台北鬧市傳統客棧之代表。公告中提及的指定理由如下：

一、艋舺謝宅為台北市僅存之清中葉郊行遺構，雖只剩第二進廳堂，但仍具有艋舺商業史之價值。

二、第一進內廳近代改建為旅社，內部為日式風格，亦具有時代特色。

三、第二進為閩南式傳統建築，用料巨大，木雕精美，深具藝術價值。

2001 年，謝溪圳過世，位於商業區的謝宅遭國稅局課徵高達新台幣三千兩百萬元之遺產稅，但因謝宅已被北市府指定為古蹟，銀行認為沒有地產開發價值，導致繼承人求貸無門，且無力繳交遺產稅，經國稅局催繳多年後，台

北行政執行處於 2005 年 1 月 6 日凍結謝宅繼承人名下財產。幸得立法院在同年 1 月 18 日三讀通過文化資產保存法修正案，規定「私有古蹟及其所定著之土地，因繼承而移轉者，免徵遺產稅。」，並於同年 2 月 5 日經總統令公布生效，方解決其遺產稅問題。

然而，艋舺謝宅在成為古蹟之後，擁有產權的台北市政府雖須負起修繕的責任，但實際上的作為卻只有「外觀施作鋼棚架工程，給予建物保護。」結果，被法律認定為文化資產的艋舺謝宅，遭鋼棚架與安全護籬圍起來已超過 20 年光陰，北市府不僅沒有進行任何修復工程，對建築內部結構之腐朽敗壞亦不聞不問。

於是，昔日的華美宅第，在受到政府的「保護」之後，反倒與市容格格不入，甚至被視為阻礙當地發展的絆腳石，不僅惹來鄰里非議，還多次遭歹徒縱火破壞，實在令人心痛！

說真的，在發展快速的台北市區裡，還能見到這樣的傳統四合院建築，實屬不易！真心期盼台北市政府能夠善盡職責，早日將艋舺謝宅修繕完備，然後開放給大眾參觀，方為市民之福。

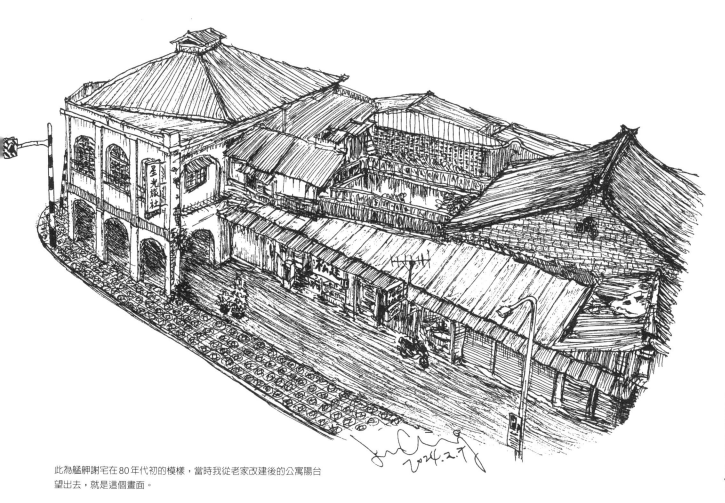

此為艋舺謝宅在80年代初的模樣，當時我從老家改建後的公寓陽台
望出去，就是這個畫面。

34

遠東戲院

從 1958 年底到 1995 年，營運了 36 年多的遠東戲院，由六福集團創辦人莊福所創立，坐落於台北市大同區太原路 155 號（平陽街口），就在建成圓環東北方 200 公尺處，西側臨太原路（對面是蓬萊國小），南側臨平陽街（對面是日新國小）。

遠東戲院是一棟四層樓的鋼筋混凝土建築，佔地 600 餘坪，起初設有一個座位多達 1,652 席的放映廳，其舞台寬 30.5 公尺，銀幕寬 25.3 公尺、高 11 公尺，配備了新式的陶德 AO 體（Todd-AO）寬銀幕影片放映機，可謂當時台灣設備最為新穎的電影院。

1958 年 12 月 16 日下午 1 時，遠東戲院正式揭幕，特邀影星夷光、陳惠珠、游娟、白玲剪綵，台北市長黃啟瑞及市議長、影劇公會理事長等人蒞臨致賀詞；開幕片選映美國環球公司出品之喜劇片《喜臨門》（This Happy Feeling），為一部彩色新藝綜合體（Cinema Scope）闊銀幕電影。

遠東戲院向日本訂購的陶德 AO 體（Todd-AO）70 毫米六聲帶全套放映設備，於 1959 年 12 月 31 日自橫濱港出發，在 1960 年 1 月 4 日運抵基隆。遠東戲院隨即從 1 月 21 日起歇業進行改裝，並計劃在春節檔期上映美國豪華歌舞片《南太平洋》（South Pacific），但因其 70 毫米拷貝遲遲未能抵台，最後延到 3 月 24 日才順利在遠東戲院登場，讓台灣觀眾享受到第

31 屆（1959 年）奧斯卡最佳錄音獎得主《南太平洋》的「六聲道八音路立體身歷聲」音效，並且同場加映短片《陶德體奇觀》（The Miracle of Todd-AO），連映至 5 月 22 日。

遠東戲院董事長莊福在 1968 年創辦了六福集團，並於 1972 年在台北市松江路與長春路口開設了六福客棧（1972 年 1 月 8 日開幕），位於六福客棧後方的四面佛，正是莊福在 1983 年自泰國恭迎回台的。（六福客棧已於 2022 年拆除，將改建為酒店式頂級綠商辦，預計在 2026 年完工。）

70 年代，我國退出聯合國（1971）、與日本斷交（1972）、與美國斷交（1979），一連串的外交挫敗導致來台觀光客銳減，使得六福客棧的生意大受影響，甚至出現一天只賣出一間客房的慘況。

為了籌錢來保住六福客棧，莊福決定把遠東戲院賣給親家——義美集團高家（莊福的女兒莊淑媛嫁給了義美創辦人高騰蛟的弟弟高呈

徽），根據 1978 年出版之《中華民國電影年鑑》記載，當年遠東戲院的負責人已是高騰蛟及其兒子高志尚。

1986 年 1 月 16 日《聯合報》報導提及，當時由於電影市況不景氣，台北市戲院紛紛縮小規模，將大廳改為多個小廳，以能在同期映演不同影片；而遠東戲院也不例外，在 80 年代末將原本的一個大廳（1,652 席）改裝成為三個小廳：龍廳（458 席）、鳳廳（437 席）、麒麟廳（484 席）。

然而改成了多廳的遠東戲院，卻在 90 年代因違規隔間以及消防避難通道不合規定，遭到北市府強制斷電處分，再加上國片市場日趨沒落，最終遠東戲院在 1995 年悄悄熄燈，並於 1997 年連同所在土地被轉賣給了日勝建設。

沒有多久，日勝建設便拆除了遠東戲院建物，並就地興建一棟地下 6 層、地上 19 層的鋼筋混凝土集合式住宅「文化京都大樓」，於 1999 年 4 月開工、2001 年 6 月完工，共有 145 戶。

這是1960年的遠東戲院（Far East Theatre），外牆上掛著《戰地美人魂》（Five Branded Women）、《黑色肖像》（Portrait in Black）與《花月斷腸時》（Christine）等電影看板。

值得一提的是，該大樓的低樓層外牆設計，還特地復刻了昔日遠東戲院之外觀輪廓，以紀念它的曾經存在。

至於為什麼會出現遠東戲院，這就要從一百多年前的「大正醬油株式會社」說起了！

日本時代台灣社會使用的醬油大多為自家釀造，或由小型的地方性醬油行生產販售，而成立於 1920 年 4 月 20 日的大正醬油株式會社，是台灣的第一家大型日式醬油工廠，地點在當時的台北市下奎府町 2 丁目 44 番地，即今台北市太原路與平陽街口一帶。

當年創立大正醬油株式會社的櫻井貞次郎亦從事營造業，他所開設的株式會社櫻井組位在台北市北門町 7 番地（台北車站前），1908 年為供特地遠渡來到台中公園主持縱貫線鐵路全線通車典禮的閑院宮載仁親王休憩、接見大臣與接受謁拜，在園內日月湖中所興建的湖心亭，就是由櫻井組承攬興建的。

1945 年 5 月 31 日，大正醬油株式會社建物在「台北大空襲」中遭到美軍轟炸受損。戰後，台灣省行政長官公署農林處於 1946 年 1 月 31 日指派監理員戴樹木監理大正醬油株式會社，讓其營運不致中斷。

在日人被「遣返」離台後，台籍股東便將醬油

工廠更名為大華醬油股份有限公司，其登記地址為台北市建成區平陽街 21 號，由最大的股東莊福擔任董事長、次大的股東葉枝灶擔任廠長，所生產的醬油則定名為「好家庭醬油」，當時在市場上頗受歡迎。

1955 年，某位省議員在一次議會質詢中指出，台灣市面上販售的醬油多數品質不合格，影響國民健康甚鉅，因此要求台灣省政府衛生處必須嚴格檢驗。原本的檢驗方式是由醬油廠商自行提供產品給衛生處化驗，但為因應省議員的要求，衛生處遂下令所屬之衛生試驗所，自行到市面上購買五十多種品牌的醬油來進行化驗。

1955 年 6 月 8 日，化驗結果出爐，包括好家庭醬油在內，竟有多達 37 種醬油含有法律禁止使用之防腐劑，此事引起台灣民眾的高度恐慌，令許多家庭主婦在烹飪時不敢添加醬油，於是，醬油業者的生意大受影響！

在這次的醬油事件裡，大華醬油的董事長莊福和廠長葉枝灶被台北地方法院以製造妨害衛生之飲食物品為由，各科罰金 800 銀圓，於是好家庭醬油就此在市場上一蹶不振。

1958 年 3 月 10 日，大華醬油股份有限公司召開股東會決定結束醬油工廠，並改組為遠東戲院股份有限公司，然後將廠房改建成為一間大型的新式電影院，也就是在當年底落成啟用的遠東戲院。

前面提到，莊福為了六福客棧的生存而在 70 年代末將遠東戲院賣給義美高家，不過莊福並沒有放棄經營電影院的理想；幾年之後，他在六福客棧隔壁再度開了電影院，以其所在路名將之定名為「長春戲院」，於 1983 年 11 月 26 日開幕。

長春戲院在 2000 年轉型深耕藝術電影，並獲得電影界與觀眾們的一致肯定，不過最後仍敵不過大型影城的競爭，而於 2010 年 2 月 28 日吹熄燈號，改由六福集團有入股的國賓影城接手，易名為台北長春國賓影城營運迄今。

許多曾經輝煌一時的百貨公司早已成為歷史，但它們並沒有因為時間的流逝而被遺忘，反倒是隨著我們年歲的增長，化作許多人魂牽夢縈的所在。

在我的童年回憶之中，西門町今日百貨樓頂的遊樂場留給我極為深刻的印象；那裡有雲霄飛車、音樂木馬、旋轉飛機，以及令我永生難忘的海盜船！坐落在東北隅的海盜船，當它往北搖晃時，居然會停留在峨眉街的上空，真的是超級刺激又無敵可怕的！雖然我只坐過一次，但卻成了我人生至今唯一的一次海盜船體驗，可見那個陰影面積有多廣闊！

回到 1968 年 12 月 8 日的西門町，那天是台北市峨眉街與昆明街口新落成的今日股份有限公司（簡稱今日公司或今日百貨）的開幕日，因演出黃梅調電影《梁山伯與祝英台》走紅的大明星凌波應邀蒞臨剪綵，眾多影迷為一睹其丰采，將今日公司周遭擠得水洩不通，導致計劃生變，凌波改在昆明街側的停車場入口前方提前下車，然後拿著工作人員交給她的剪刀，迅速地在一條臨時掛上的彩帶上剪了一刀之後，便立即乘車離去。留下今日公司大門前峨眉街上等著見凌波廬山真面目的人山人海在騷動著……

今日百貨的母公司為上海商人徐偉峰於 1958 年 2 月創立的萬華企業股份有限公司。萬華企業最初以資本額新台幣 120 萬元經營百貨批發

業務，後於 1962 年 5 月為經營嶄新落成的第一大飯店（位於台北市南京東路二段 63 號，1962 年 10 月 1 日開幕）而將資本增資為 5,000 萬元。

1964 年 8 月，萬華企業買下台北市中正區介壽段土地 1,873 平方公尺以建造萬華企業大樓（地址為台北市中華路一段 41 號），於 1965 年完工，作為百貨商場、餐廳、夜總會，與辦公室之用。

1965 年 1 月，萬華企業購買西門町的鑽石地帶土地 2,331 平方公尺，打算日後用來興建萬企育樂大廈。同年 3 月 22 日，萬企股票公開上市，當時列為第二類股。同年 10 月 5 日，進駐中華路萬企大樓的「第一股份有限公司」（簡稱第一公司或第一百貨）開幕，徐偉峰盼能藉此在台北街頭複製上海南京路的繁榮景象。

第一百貨是台北市第一家設置電扶梯的百貨公司（1958 年 9 月 14 日開幕的高雄大新百貨，則是台灣最早出現電扶梯的地方），當時許多顧客在前所未見之電扶梯前舉「足」無措的驚惶場面，還成為媒體報導的話題。

生意興隆的第一百貨創造了台灣百貨業的奇蹟。一年後，1966 年底，徐偉峰在西門町成都路「大世界戲院」正後方新購的地（峨眉街與昆明街口），動工興建了更大規模的萬企育樂大樓（1966 年 12 月 12 日開工），甚至為了籌措資金，徐偉豐還將經營有成的「第一大飯店」賣給了菲律賓華僑鄭紀華。

1968 年 10 月，地下 2 層、地上 9 層的萬企育樂大廈竣工（地址為台北市峨眉街 52 號），部分出租作為百貨商場及餐廳等，其餘由萬企公司直營電影院、遊樂場等育樂業務。

1968 年 12 月 8 日，進駐萬企育樂大廈 B1 及 1 至 4 樓的今日股份有限公司（今日百貨）風光開幕，徐偉峰委派三弟徐之豐為今日公司總經理；一週後，12 月 15 日，位於同一棟大樓裡 3 至 9 樓的「今日世界育樂中心」也全面開放

現代化的百貨公司

超級市場・日用百貨・歐美商品
影院・茶樓・歌廳・兒童世界

歡迎光臨

台北市峨嵋街54號　TEL: 3719292

今日公司

這是今日公司剛開幕時的平面廣告，上頭
強調自己是現代化的百貨公司。

營運，成為西門町中心一棟「商娛一體化」的百貨大樓，號稱耗資兩億、歷時五載、動員萬人，是「自由中國第一座綜合性劇場」。

從第一大飯店、第一百貨到今日百貨，徐偉峰一直希望擁有一個綜合性的育樂中心，育樂中心裡要有小吃、雜耍、熱門音樂廳、歌廳、國劇院等等。

今日世界育樂中心在頂樓引進機械式雲霄飛車、海盜船、音樂木馬、旋轉飛機，並設有3F 萬象廳（機動玩具）、4F 銀獅廳（綜合技藝）、4F 麒麟廳（國劇）、6F 孔雀廳（歌廳）、6F 鳳凰廳（歌仔戲）、7F 奇幻人間（奇景異常）、8F 金馬廳（布袋戲）、8F 今日樂園（碰碰車），以及松鶴廳與珊瑚廳等七個演藝廳，提供京戲（國劇）、歌仔戲、布袋戲、大陸各地方戲、話劇、特技與歌舞之定時定點演出。

其中 4 樓供國劇演出的麒麟廳，在 1973 年 12 月 20 日改為專映國語電影的「今日戲院」，當天有影星唐寶雲、秦祥林、陳莎莉蒞臨剪綵揭幕。

走進今日世界育樂中心時，需先購買門票，然後再購買欲觀賞節目的票券，觀眾席的前、中段為雅座型，備有茶座可以喝茶、飲食；讓不同年齡、身份的觀眾可以各憑所好、各取所需的今日世界育樂中心，便成了當時台灣唯一結合百貨公司與綜藝娛樂的商場，亦讓不少傳統劇團有一個表演的舞台，例如由青島麒派老人周麟昆所組的「麒麟劇團」，便是海派京劇連台本戲在台的最後一抹遺痕。

1972 年 12 月 15 日，在今日世界育樂中心成立四週年的紀念會中，教育部文化局為獎勵今日世界育樂中心對復興文化的貢獻，特由局長王洪鈞頒發獎狀給今日百貨董事長徐偉峰（徐夫人代為領獎），以示表彰。

不過，徐偉峰於 1971 年即因積勞成疾而中風臥病在床，並由其女徐台麗代為經營事業長達10 年，直至 1980 年 1 月 28 日徐偉峰逝世為止。後來，徐偉峰的兒子徐小峰連續在全台各地投

資，盲目擴充，令家族事業急轉直下，並背負六千萬的債務，還引發了叔嫂之間的經營權爭議。

下面這段引號間之文字乃由徐偉峰的女兒徐台麗親自提供給我，特加註於此文中，予後人參考：

「徐偉峰乃於 1949 年自上海攜家帶眷來到台灣，隻身白手起家，一路自創多個品牌，包括：否司脫襯衫公司、第一大飯店、第一百貨、今日百貨等。多年後，徐偉峰安排大陸的兩個弟弟徐正風和徐之豐到香港定居，並購屋安頓老父老母及弟妹們，接著徐偉峰用身家性命向警總作擔保，以將兩個弟弟由香港輾轉接到台灣定居，並安插兩人在自家企業中工作；未料養虎為患，其弟日後竟趁大哥中風無助之時，三番兩次以不光明之手段暗渡陳倉，最終從大嫂（徐偉峰夫人）手中騙取了公司的經營權。」

1979 年 8 月，第一股份有限公司改名為「新第一公司」（亦稱新第一百貨），於同年 9 月

28 重新開幕，但沒過多久便在 1981 年 11 月傳出資金週轉失靈，甚至為了還債還在農曆年前舉行大拍賣，最後於 1982 年初黯然歇業。

骨牌效應使得徐小峰經營的台南新第一百貨、高雄新第一百貨、花蓮新第一百貨，以及台中的大大百貨和財神百貨，相繼發生財務困難，結果在廠商一片搶貨與撤櫃的混亂聲中，一一落幕。

就在第一百貨由盛轉衰之際，徐之豐則守著今日百貨的陣地，經過十餘年的努力，不僅購回曾屬於萬企的電影院、歌廳、餐廳、遊樂場、租賃公司等事業，並陸續在中華路萬企大樓、南京西路、忠孝東路開設今日百貨的連鎖分公司，成就其「今日百貨王國」。

1977 年 10 月 8 日，位於台北市南京西路 14 號，由榮星保齡球館改建而成的新今日公司（今日百貨南西店）開幕，除了一至四樓的百貨部外，位於大樓內的超級市場（B1）、今日圓環、金舫西餐廳（5 樓）、一定好茶樓（6 樓），

以及翡翠與明珠兩大戲院（5樓），同時開業，地下二樓設有停車場。

1980年，徐之豐接收了台北市忠孝東路四段218號阿波羅大廈裡的銀河百貨，並將之改裝為今日百貨分公司，不過存在的時間並不長，到1987年便結束了（之後改由ATT吸引力百貨進駐，於1988年初開業）。

徐之豐沿襲大哥徐偉峰的經營理念，自豪於集電影院、餐廳及遊樂設備的百貨公司經營方式，他曾表示：「像我們這類型的百貨公司，才是真正正統經營的百貨公司，而後來的來來、芝蔴，以及銀河、大王等公司，都只能算是建築業售屋制度下的產物，不符合百貨公司經營的條件。」

1981年3月11日晚間8點，峨眉街今日百貨因5樓天福樓餐館廚房起火造成嚴重的火災，火勢直至10點半才被撲滅，5至8樓全被焚毀，並造成7死16傷。

在歷經4個月的整修之後，今日百貨於1981年7月20日改以「FIT今日公司」（FIT乃Fashion is Today的縮寫）之名重新開幕。

1984年，今日百貨啟用了台灣第一套超級市場雷射掃瞄收銀系統，該系統可以讓店員在收銀時不用敲打鍵盤，而只需使用雷射掃瞄貨品上的條碼標籤，便能將之轉換成商品編號與價格等數字，此舉不僅避免了打鍵收銀時可能發生的人為錯誤，亦大大提高了結帳的效率。

1989年8月3日晚間7點45分，峨眉街今日百貨再度發生大火，當下受困的民眾紛紛聚集在樓頂，由雲梯車一一接送至地面，其中因吸入濃煙嗆傷的30幾人立即被送醫急救。令人遺憾的是，台北市義消城中一分隊的兄弟檔義消高龍雄與高文龍在進入火場救災時，不幸於通往3樓途中被上方崩塌的電扶梯壓住致死，雙雙殉職。最後，經過14小時延燒的萬企育樂大廈，2樓以上內部全遭焚燬，共造成2名消防人員與2名今日百貨員工死亡以及30餘人受傷，財損高達數億元。

進入 90 年代後，面對新興百貨公司（諸如太平洋 SOGO、新光三越、大葉高島屋、衣蝶……）的競爭，業績持續下滑的今日百貨終於下定決心不做了，既然掌握不了市場脈動，抓不住消費者，不如讓別人去做就好。

未能走過第 30 個年頭的今日百貨在 1997 年 8 月 31 日封館停業，黯然走入歷史；接手經營的誠品，計劃在西門町打造一個以書店為核心的百貨商場，而當年從 9 月 1 日展開的「今日百貨封館拍賣」正是誠品西門店負責的第一個行銷活動。

1997 年 12 月 6 日，誠品西門店在峨眉街今日百貨原址開幕，以「閱讀流行文化」為定位，試圖透過具特色的空間設計翻新西門町舊社區之風貌。

誠品把過去的電影院改裝為書店，運用挑高設計分出兩個樓層，呈現廣達 500 坪的「觀、看」空間；並特別強化表演藝術、漫畫、生活風格等書種，在書籍之外以創意延伸商品，為閱讀創造多元的樂趣。從書種到空間規劃，充分呼應流行文化的脈動，是當時誠品書店中最能反映出年輕特質的分店。

如今，已經走過四分之一世紀的誠品西門，再過幾年就要比今日百貨存在的時間還長了。或許對年輕一代而言，誠品才是他們對西門町的回憶，但今日樓頂的海盜船，卻仍時常出現在我的腦海中，盪來盪去，心心念念……

台北車站

台北車站自清代（1891 年）設立迄今已逾 130 年歷史，圖中的車站是在日本時代（1941 年）啟用的第三代台北車站，後來由於鐵路地下化及空間不敷使用等因素，於 1986 年遭拆除，雖然僅存在 45 年的光陰，卻是許多人的共同回憶。

第一代台北車站肇建於 1888 年，採歐洲式棚式車站造型設計，位於大稻埕市街南側，即今鄭州路台北市立聯合醫院中興院區一帶，當 1891 年 10 月 20 日台北基隆線鐵路正式鳴笛啟用時，即以「台北火車碼頭」之名邁出了台北車站史的第一步。

1895 年進入日本時代之後，日人為了配合鐵路改線工程與市區改正計劃，將車站位置東移至台北府城北側城牆外不遠處（1904 年城牆被拆除，改築為「北三線路」，即今忠孝西路），並將車站大門開在「表町通」（今館前路），與台灣總督府博物館（今國立台灣博物館）遙遙對望；第二代台北車站是一座以文藝復興風格打造的紅磚建築，於 1901 年 8 月 25 日隨著淡水線通車及新竹基隆線改線完工而啟用，站名為「台北停車場」。

1908 年 10 月，以設備高級著稱的台北鐵道飯店，在第二代台北車站斜對面落成（即今忠孝西路新光摩天大樓與亞洲廣場大樓所在地），可惜在二戰尾聲（1945 年 5 月 31 日）毀於美軍空襲；當時美軍原本要轟炸台北車站，結果

小時候全家出遊，留下不少「到此一遊」的照片，其中也包括了台北車站，不過老爸因為負責拍照就很少和我們合影，
如果那時候有便於自拍的手機就好了。

炸彈落點偏南，擊中了台灣鐵道飯店。遭炸毀的台灣鐵道飯店在戰後利用原有教育會館之別館空間進行小規模修建，於 1946 年 2 月 1 日以「台灣鐵路飯店」之名復業，由台灣旅行社經營；後來在 1952 年，台灣省議會決議將之收回作為議會招待所使用，該建物最後在 1970 年代遭拆除。

1923 年 3 月 16 日，台北車站為了便利來往大稻埕地區旅客進出所增設的台北裏取扱所（台北後站辦公室）正式啟用，以取代同日廢除的北門停車場，成為淡水線鐵路的新端點站，台北車站還因此增建了一座岸式月台（第三月台），並延長了原本的跨站天橋。

1937 年 4 月 14 日，後站的木造站房完工，並於 1937 年 12 月 1 日改稱「裏台北驛」（台北後站），當年台灣人嘴中的「後車頭」是一棟小巧的木造建築，與氣派的磚造前站有著強烈的對比，是日本時代專供台灣人進出的車站。

裏台北驛在 1945 年戰後更名為「台北後站」，

當台北車站增建到第六月台時，台北後站便成為淡水線主要的出入門戶，直到 1988 年才因淡水線鐵路廢止而停用。1989 年台北車站鐵路地下化工程完工後，台鐵雖已決定保存台北後站之站房，孰料在 1989 年 9 月 23 日凌晨，木造的台北後站竟毀於一場無名大火，成為台灣鐵路史上的一大遺憾！

多年以後，市府在台北後站遺址的鄭州路與太原路口闢建了一個「後火車站懷舊廣場」（2001 年 9 月落成），廣場上有一座擬真的簡易式月台，並展示了一列由台鐵提供的單節柴油客車，然而這輛火車卻是曾行駛於花東線輕便軌時代的客車，而非走過淡水線歷史的列車；2020 年 12 月，市府進行廣場改造，將月台及火車移除，整體工程在 2021 年 6 月完成。

講完台北後站，讓我們回到 1901 年啟用的台北停車場。這座第二代台北車站到了 30 年代末，其空間已經無法滿足大量成長的旅運需求，於是台灣總督府交通局鐵道部便在 1939 年將之進行原地改建，站體之設計由時任鐵道

部自動車課兼務的日本建築師宇敷赳夫負責。

1941 年，第三代台北車站完工了，該座現代主義風格的四方體鋼筋水泥建築以「台北驛」之名啟用；宏偉的外觀令其成為當時台北的地標，而空間大增的內部，更是完善地配置了餐飲、郵局、寄物、浴廁等各類行旅服務設施，內外兼備讓這座嶄新的台北車站榮登日本時代台灣多用途公共建築的第一指標。

戰後，政府將第三代台北車站以「台北車站」之名持續留存使用。1977 年南港調車場落成後，原本停靠台北車站的客車都改開到南港去，於是台北車站便在前站與後站之間空出來的客車場用地，增建了兩座月台。除了鐵路運輸，台北車站兩側還有公路局長途客運的台北總站，再加上多條市區公車路線與短程客運的八方串聯，使它成為大台北地區的最大交通轉運站。

周遭總是車水馬龍的第三代台北車站在 7、80 年代，可說是大多數民眾日常生活不可或缺的

一部分，我們與之共度的無數回憶，亦深深地烙印在心頭。

不過，貫穿市區的平面鐵路，既影響城市的整體開發，亦造成大眾交通的不便；於是，政府在 1979 年核定了台北市區鐵路地下化工程計劃，此舉使得第三代台北車站面臨拆除的命運。

1983 年，隨著台北市區鐵路地下化第一階段工程的啟動，工程單位首先拆除台北車站東側的扇形機車庫，並於扇形機車庫及台北車站之間興建新的台北車站。由於在建造第四代車站前，須先拆除第三代車站，因此便在 1985 年於第三代車站西側興建了臨時車站作為過渡時期之用，而臨時車站直到 2000 年才被拆除。

1986 年 2 月 24 日，在完成最後一次春節疏運任務後，第三代台北車站正式停用，並自同年 3 月 1 日開始進行拆除工程，這一天也是臨時車站啟用之日。

1986 年 3 月 15 日下午 3 點半，在數台怪手同時施工下，走過 45 年歷史的第三代台北車站因站房四周支柱斷裂而坍塌，化作了平地。

1989 年 9 月 2 日，第四代台北車站隨著鐵路地下化工程完工通車而啟用，成為台灣第一座鐵路地下化的火車站；其站體由建築師沈祖海、陳其寬、郭茂林共同設計，主體造型仿中式傳統建築設計，屋頂採單檐廡殿頂，建築中央併設有天井；當年月台還配置了台灣第一套列車到站警示燈，在列車到站時會閃燈提醒乘客。

第四代台北車站共有地上 6 層、地下 4 層。地面層 1 樓為旅客大廳，含售票中心及各種服務與行政設施，2 樓是美食匯集的商業廣場，3 樓以上則供作台灣鐵路管理局局本部各處室辦公使用；地下樓層部分原僅規劃作為台鐵與北捷之旅客穿堂層及月台層，但後來因應高鐵設站之需求，改由台鐵與高鐵共同使用地下 2 樓的地下軌道月台層。

外觀猶如 Pizza Hut 標誌的第四代台北車站，如今不僅是台灣最大的地下迷宮，也是運量最大的鐵路車站（連同捷運及高鐵，每日進出的旅客高達 50 萬人次），究竟它下一次的脫胎換骨會變成什麼樣子？著實令人好奇與期待。

太平洋戰爭後期，以美軍為主的同盟國軍隊決定採「跳島戰術」，以減少傷亡並加速挺進日本；其中包括「攻佔菲律賓群島、跳過台灣島、登陸沖繩島」，也就是不登陸台灣，而只出動轟炸機空襲台灣。

1945 年 5 月 31 日，駐菲律賓蘇比克灣的美國第 5 航空隊，派出 4 支航空大隊共 117 架 B-24 轟炸機對台灣進行空襲任務；他們以 3 架 B-24 為一編組，於當天上午 10 點到下午 1 點在台北上空實施無間斷轟炸。

當時美軍空襲台北的目標，乃針對舊台北城區（今台北市忠孝西路、中華路、愛國西路、中山南路所圍成的矩形區域）、城外的台灣步兵第一聯隊與山砲兵第 48 聯隊（此二單位駐地均位於今中正紀念堂所在地）等軍事單位，以及包含台灣總督府（今總統府）在內，位於榮町、京町、文武町、書院町、明石町、旭町等地的主要總督府所轄官署建物等地。根據統計，這一天台北總共承受了 3,800 餘枚各式炸彈的轟炸！

雖然美軍事先使用了空照圖來標明預定轟炸之政府機關與軍事機構等地，但仍造成三千多人死亡，而受傷與無家可歸的人更是多達好幾萬；台北市區有許多建築物與設施被炸毀，就連台灣總督府廳舍也被轟掉了（南側）一大半。

史上將這天稱作「台北大空襲」。

那麼，這座日後成為中華民國總統府的台灣總督府廳舍究竟是怎麼來的？讓我們回到1895年，當時在甲午戰爭中戰敗的大清帝國把台灣與澎湖割讓給日本，於是日本將臨時性的台灣總督府設在清代的福建台灣承宣布政使司衙門及欽差行台，直到第五任台灣總督佐久間左馬太就任後，才提出了興建永久性廳舍的計劃。經過審慎的評估與規劃，台灣總督府於1907年以獎金5萬日圓公開徵求建築設計圖，且限定日本本土的建築家方有資格參與競圖。

在徵圖的初選階段，主辦單位從多位參賽的日本建築師中選出前七名，一至七名依序為鈴木吉兵衛、長野宇平治、片岡安、森山松之助、松井清足、櫻井小太郎，與福井房一，他們每位均獲得獎金一千日圓。

集結了辰野金吾、中村達太郎、塚本靖、伊東忠太、妻木賴黃等知名建築技師的評審團，原本屬意採用初選首獎得主鈴木吉兵衛的作品，

但有評審認為該作品中的尖塔、陡屋頂和兩層老虎窗之紅磚建築樣式，有抄襲海牙國際法庭之嫌，因此在1909年所公布的中選者，便成了第二名的長野宇平治，而其作品樣式與當時興建中的東京車站十分近似。

不過，在最後定稿階段，將長野宇平治的設計圖修改成後來我們所熟悉模樣的人，其實是在初選獲得第四名的森山松之助。除了台灣總督府廳舍，台灣總督府專賣局廳舍（1913完工，今公賣局）、北投溫泉公共浴場（1913年完工）、台中州廳舍（1913完工）、台北州廳舍（1915完工，今監察院）、台南州廳舍（1916年完工），以及台灣總督府交通局鐵道部廳舍（1920年完工）也都是出自他的設計。

台灣總督府廳舍興建工程於1912年6月1日開工，建築主體在1915年6月大致完成並舉行上棟典禮，最後於1919年3月竣工，總工程費為281萬日圓；其正面寬約140公尺、側面寬約85公尺、中央塔高60公尺、總佔地面積達2,100坪，自啟用至今一直是象徵台灣統

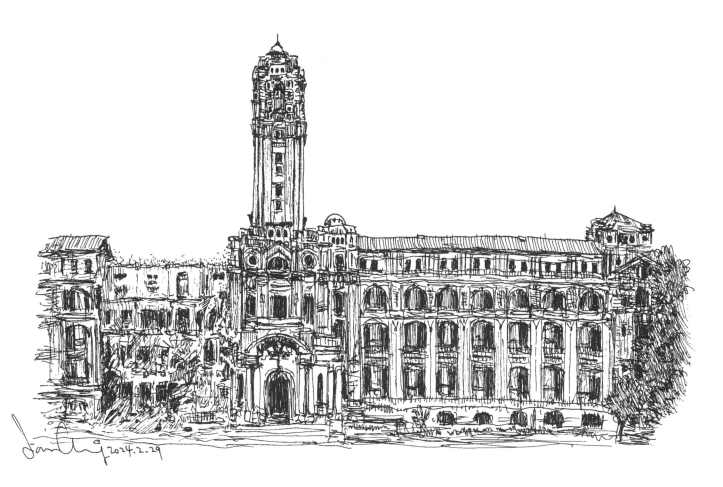

日本時代的台灣總督府廳舍在1945年的「台北大空襲」遭到美軍轟炸，毀去了南側一大半。

治者權力中心的地標。

台灣總督府廳舍在落成之際即成為台灣最高的建築物，一直到 54 年後，才被台北車站對面新建（1973 年 3 月 23 日竣工）20 層樓高（高度為 71 公尺）的台北希爾頓大飯店給超越，然而僅僅過了半年，台北希爾頓的「台灣最高建築」頭銜就被迫讓給 87 公尺高的圓山大飯店（1973 年 10 月 10 日落成）。

二戰期間，台灣總督府成為美軍轟炸台灣的主要目標物之一，儘管日本軍方將其百般偽裝以避免遭襲，但最後還是在 1945 年的「台北大空襲」中彈，整個南側半邊嚴重毀損。

戰後，中華民國政府接收台灣，於 1946 年 10 月 25 日台灣光復節宣告將總督府易名為介壽館，同時把館前的大馬路喚作介壽路，以祝賀時任中華民國總統的蔣「介」石之六十大「壽」（10 月 31 日），並隨即展開介壽館的修復工程，兩年之後（1948 年底）竣工。

台灣省政府於 1947 年成立後，介壽館在台北市的都市計劃圖中被標示為「省府大廈」，但當時省政府的實際辦公廳其實是在日本時代的台北市役所（今行政院中央大樓）。隨著中華民國政府於 1949 年遷至台北市，當年 12 月 9 日行政院會議決議：總統府及行政院設址於介壽館辦公。

於是，自 1950 年起，介壽館正式成為中華民國總統府迄今。

1968 年，台北市長高玉樹為美化這座身為國家最高權力中心的建築，以提升國際形象，便下令在其大門前方興建兩座噴泉，盼能為它肅穆的外觀添上幾分親和力。

翌年，為了迎接雙十國慶的到來，底座由白色大理石所砌成的噴泉趕在 1969 年 10 月 7 日竣工了！於夜幕低垂、華燈初上之時，四射的水花在燈光映照下，當真絢爛美麗、使人陶醉……可是，一但到了白天，不管是從上往下俯瞰，還是直接從正面直視，那雪白的噴泉竟

令人愈瞧愈不對勁！

坊間傳言新添的兩座噴泉就像是插著白蠟燭的燭台，使得後面的總統府有如一塊神主牌，而甫於 1969 年 9 月 16 日在陽明山仰德大道因車禍受傷的蔣總統，其健康狀況則開始走下坡。這個巧合令政府高層深感不妥，遂於 1972 年底派人將總統府前的兩座噴泉給拆除了，於是高市長的一番美意便成了曇花一現。

將時間快轉，來到 1996 年 3 月 21 日，台北市長陳水扁下令將總統府前的介壽路更名為凱達格蘭大道，路旁的廣場則取名為凱達格蘭廣場，此名源於該地乃原住民「凱達格蘭族」之傳統領域。

1998 年 7 月，內政部正式將總統府主體及其附屬空地公告為國定古蹟，其範圍包括貴陽街、寶慶路、博愛路及重慶南路所圍塑的街廓。

2006 年 3 月 25 日，總統府大門上的「介壽館」門額被更換為「總統府」，總算名副其實了。

淡江大學建築系教授陸金雄建築師曾對這座百年建築的設計風格，下了極為清楚的註腳：「從歷史背景及建築物的立面進行分析，可以辨別出當初設計者匯集了眾多建築元素；矯飾主義的誇張、巴洛克的動感、欺眼畫的手法、哥德復興的垂直崇高精神、古典主義的和諧，但設計者仍以統一的元素──無法歸類於古典柱式的雙柱並列形態──統合整體立面的構成，也可以看出設計者意圖以不同的語彙，表達個人的詮釋──以有限形體的構成，嘗試超越形體的束縛，傳達垂直崇高精神的無限，是典型的折衷主義（Eclecticism）樣式。」

38　天母的由來

您知道「天母」這個地名是怎麼來的嗎？

話說清乾隆 15 年（1750 年）的時候，來自福建漳州與泉州的移民在今日的天母三玉宮一帶墾荒務農，於田邊以石條疊搭成一福德祠以供奉田邊土地公一尊；此廟雖然小，但因神蹟靈驗，使得香火日益鼎盛，遂成為當地居民的主要信仰與精神寄託。

台灣進入日本時代後，日人中治稔郎於 1902 年到台灣發展，曾任台南郵便局郵便課通信書記的他在退休以後，結合了日本神道教的太陽女神「天照大神」與台灣信徒眾多的「天上聖母（媽祖）」，於 1925 年在台北永樂町通（今迪化街）創立了名為「天母教」的新宗教，將

日本和中國的信仰裡均帶有「母性」與「守護」的天照大神和天上聖母，視為同一神明的不同表現；主張「母愛是人類最強之物」，母愛是神的「最大靈德」亦代表仁愛；因此，神以女性之姿顯現，是謂「天母」，為該教奉祀之主神。

中治稔郎在創立「天母教」後，特地遠赴福建請回一尊湄州媽祖在台供奉，並獲得台灣總督府的認證，於是，他成為天母教信徒公認之教祖。

天母教信徒人數的快速成長，令中治稔郎決定要找塊土地來興建「天母教大本殿」，他在 1931 年得到台灣總督府的同意，獲准開發能

天上聖母（媽祖）與天照大神在日人中治穩郎於 1925 年在台北創立的「天母教」中，
被視為同一神明的不同表現，即該教奉祀之主神「天母」。

湧出溫泉的台北士林「三角埔」地區（今台北市士林區三玉里、天玉里、天母里及天山里一帶）。

1933 年，中治稔郎在士林三角埔興建了「天母神社」，裡頭有奉祀天照大神與天上聖母的「天母教大本殿」，以及供信徒休憩的「天母溫泉」；慕名前來泡溫泉的天母教信徒愈來愈多，帶動了周遭的商業活動，亦出現不少以「天母」為名的商店與旅館，於是這個地區開始被大眾喚作「天母」。

1936 年，台灣總督府推行皇民化運動，其中一項措施為「眾神升天」，亦即由警察強制將各地廟宇中的「多餘」神像集中焚燬，僅留下一尊，藉以削弱民間信仰的力量。當時，中治稔郎將天母地區民眾供奉的七尊大神像（七仙真祖）迎入天母神社，並聲稱祂們是日本的「七福神」，方助其逃過一劫。

1945 年二戰結束，台灣的日本人被遣返日本，以致天母神社內的湄洲媽祖與七仙真祖等神像乏人照料，當地信眾眼見神像因神社遭到破壞而遭受風吹雨淋，於心不忍，便於 1947 年在文章開頭提到的福德祠旁，另建廟宇來供奉祂們。

1976 年，天母地區進行道路拓寬，兩廟因位居路界內而被迫拆遷，遂選在三玉宮現址重建，並將之合而為一，於 1979 年臘月落成；由於廟宇所處之地乃昔日「三角埔」與「玉潮坑」所合併的「三玉里」，故取名為「三玉宮」。

三玉宮落成之後，當地民眾為求稻穀豐收、風調雨順、無災無病，便決定供奉五穀先帝（神農大帝）為主神。目前該廟共分為六殿：正殿中央為五穀先帝殿，左邊為七仙真祖殿、觀音佛祖殿，右邊則是天上聖母殿、福德正神殿，西側二樓為新元辰殿。

所以說，「天母」這個地名乃源於日人中治稔郎在台創立的「天母教」，而非來自稗野所謂當地人用閩南語回應美軍詢問自身在哪的「聽無」二字。

從 1977 到 1997 的 20 年間，位於台北市寶慶路與中華路口，緊鄰遠東百貨寶慶店的新光巴而可百貨，乃由台灣的新光集團與日本企業「株式会社パルコ」（PARCO 公司）合資開設；「巴而可」一名乃音譯自義大利文「PARCO」，原意為「公園」，意即希望打造一座有如公園般的百貨公司，讓顧客能在其中怡然自得、盡情享樂。

日本 PARCO 公司的前身是成立於 1953 年 2 月 13 日的池袋車站大樓公司，後於 1969 年獲西武百貨店投資，在同年 11 月開設名為「PARCO」的時裝大樓 1 號店「池袋 PARCO」，並於翌年（1970 年）4 月將商號更改為「株式会社パルコ」。截至 2023 年之統計，日本國內共有 21 家 PARCO 百貨店，其營業項目包括了流行服飾、健康美容、家居用品及美食餐飲等。

紡織業起家的台灣新光集團，則是從 1970 年代開始跨足百貨業的經營。

1974 年 12 月 7 日，新光集團創設的第一間百貨「新光育樂公司」（總公司）開幕，地址位於台北市南京西路 12 號，大樓內設有百貨中心、超級市場，以及保齡球館。

1975 年 12 月 10 日，位於台北市三民路 8 號九龍大廈（今三民路 108 號）的「新光超級市場民生分公司」開幕，營業項目包括超級市場、

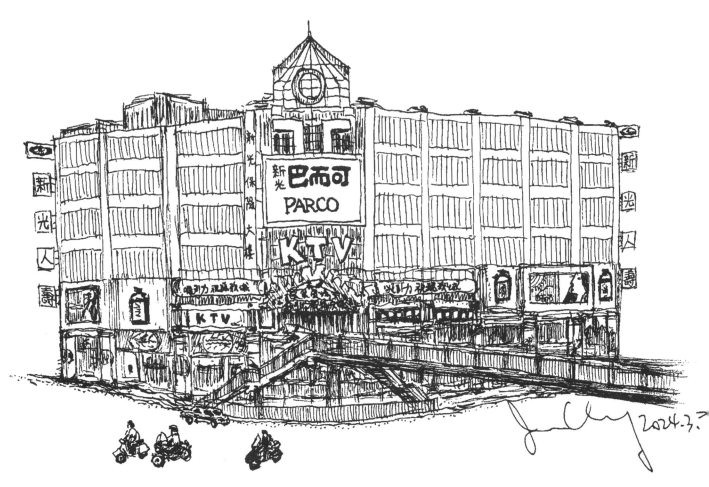

昔日在新光巴而可二樓轉角出口連結天橋處有一攤鹽酥雞，乃1975年創立「台灣第一家鹽酥雞」的陳廷智先生所經營的。

百貨中心與保齡球館。

1976 年 4 月 10 日，進駐台北市敦化北路 309 號萬福大樓的「新光超級市場萬福分公司」正式開幕。

1976 年 12 月 16 日，位於台北縣三重市大同南路 21 號的「新光百貨育樂三重分公司」開幕，不過只營業了一年多便停業了。

連開了四家新光百貨之後，新光集團決定要在當時台北最大商圈——西門町一帶開設第五家分公司，不同以往的是，新光百貨這回與日本 PARCO 公司進行技術合作，希望打造一間年輕化的百貨公司。

新光集團將旗下這間新光百貨育樂公司西門分公司，以 PARCO 之音譯，定名為「新光巴而可」，以強調其日本血統，可謂台灣百貨業最早的跨國合作案。

1977 年 5 月 8 日（當天為母親節），位於遠東

百貨寶慶店東側，進駐台北市中華路與寶慶路口「新光保險大樓」的「新光巴而可」百貨公司（地址為寶慶路 34 號）正式開幕，新光集團創辦人吳火獅（1919-1986）夫婦與當紅青春偶像秦漢、林鳳嬌一同出席剪綵；此乃新光與遠東兩大集團在百貨經營史上的第一次正面交鋒，亦是新光集團在台北百貨一級戰區正式插旗的象徵。

新光巴而可百貨公司以日本 PARCO 的「商店公園化」政策為主軸，將自身定位為「少女的公園」，鎖定女性消費者，集合當時的高水準流行名店於一堂，包括瓊安（JOAN）服飾店、司麥脫（SMART）皮飾店，以及在日本極受歡迎的男裝公司「俊」（JUN）、淑女代表店「JEA」、活潑可愛服飾店「四０四」、朵朵（DODO）鮮花店、麥麥嬉皮店、「ABIBA」飾品店等，另外還遠從瑞士進口原裝的布料與絲巾、手帕等織品。

當時的巴而可給我印象最深刻的，想當然耳不會是那些少女服飾，而是三樓的飲食街，西門

町知名的日本料理餐廳「大車輪」之創始店（寶慶路本舖）就是於 1980 年 11 月在那裡開業的；此外還有日式迷你火鍋、廣東粥、江浙炒年糕、鐵板牛排豬排、鐵板燒、泰國河粉（有點像越南河粉，但比較細，口味偏於麻辣）、印尼點心（沙爹烤肉串、蔗蝦），與素食攤等令人垂涎的美味。特別一提，那時候在二樓轉角出口連結天橋處，有一攤在賣鹽酥雞，正是 1975 年創立「台灣第一家鹽酥雞」的陳廷智先生所經營的。

1977 年 5 月 29 日，位於台北市羅斯福路三段 100 號的「新光超級市場古亭分公司」開幕。

1978 年 9 月 10 日，位於台北市信義路二段 230 號的「新光百貨信義分公司」開幕。

1986 年，服飾業大亨張富山投資新光巴而可並取得其經營權。順便一提，張富山的千金張齣予曾經於 2011 至 2016 年間和藝人王陽明及台哥大創辦人孫道存之子孫智宏交往過。

新光巴而可在易主之後，隨即暫時歇業並進行改裝，後於 1986 年 7 月 12 日以「巴而可流行廣場」（PARCO FASHION SQUARE）之名重新開幕。此次的裝修特別參考歐美的流行趨勢，並融合了古埃及色彩與歐洲風造型，將五個樓層改頭換面；包括地下一樓的名店街、一樓的流行少女服飾、二樓的高級少淑女服飾、三樓的餐飲廣場，以及四樓的吸引力視聽文化中心（KTV、MTV）。

同時張富山更將巴而可服飾的營業觸角伸及南西商圈與新興的東區，此時的巴而可共有三家店，分別為中華路與寶慶路口的中華店（原新光巴而可）、南京西路的南京店，以及開在忠孝東路四段阿波羅大廈的忠孝店。

1989 年 12 月，巴而可中華店增闢三樓兩百餘坪的賣場，並規劃成為跳蚤市場，充滿了異國的浪漫與傳奇色彩。

另一方面，新光百貨在 80 年代末與日本三越百貨資金合作後，重建台北南西店。而新光百

貨信義店的賣場僅配置在地下一樓（超市）與地上一至三樓（服飾與個人用品），其總面積只有 900 坪，規模並不大。在專業超市崛起後，信義店先將地下一樓的超市轉租給松青，然後又在 1989 年 10 月，把地上三層樓轉租給比其服飾公司，從百貨公司轉型為大型的服飾專賣店與餐廳，名為「新光比其」，而新光百貨信義店至此宣告結束。1991 年 10 月 29 日，新光三越百貨南西店開幕，讓新光集團的百貨事業邁向嶄新的一頁，後來更成為台灣百貨業的龍頭。

1991 年 5 月，張富山為解決債務，將巴而可服飾三家賣場的經營權以及忠孝店的產權，賣給了古董業者「玉山莊」董事長莊明憲。

1991 年 12 月 20 日，籌備近四個月、耗費巨資改裝的巴而可忠孝店開幕，由台北市副議長陳炯松和巴而可董事長莊明憲共同剪綵，現場並舉辦西藏密宗祈福法會，十分特別。

巴而可忠孝店此次的改裝除了維持原有服飾商品外，還整合了與服飾相關的商品，諸如珠寶、化妝品、皮件、精品等；在商品規劃上，約有 75% 提供上班族女性，其餘 25% 則以少紳為對象。

1992 年 1 月 9 日，經過兩個月改裝的巴而可南京店正式開幕。南京店佔地約 400 坪，全館以女性專賣店的形象為訴求，在商品結構上，則以少淑女和職業婦女服飾為主，另外搭配休閒和蕾絲類的服裝，品牌以國產知名品牌和設計師路線為主。

除了衣服，南京店館內亦設有皮件和鞋品區以及咖啡吧。而為了凸顯女性專賣店的訴求，該店還設計了一句 slogan：「女人與服飾談論閨房話的地方」，試圖藉此定位將女性消費者吸引到店裡。在裝潢風格方面，則與忠孝店一樣採用老闆收藏的古董石雕，企圖建立巴而可之整體形象。

1992 年 6 月 27 日，因經營權易主而再度改裝的巴而可中華店重新開業，由於位於西門商

圈，故其客層定位較另外兩家年輕；賣場共有三個樓層，一樓以 25 至 35 歲的女性上班族為訴求對象，二樓網羅高中、大專女學生，地下一樓有小吃及中性休閒、運動服飾。改裝後的陳列方式為「穿透式無距離販賣」，各專櫃之間採透明動線，並將展示架高度降低數公分，讓顧客方便走動且更容易接近與觀看商品。

然而，巴而可的經營者卻一直擺脫不了債務問題。莊明憲因無力償還自己為了購得賣場而積欠銀行與設櫃廠商的債款，結果落得賣場被聯邦銀行拍賣、廠商自組債權人自救委員會來主導賣場經營的局面。巴而可南京店也在這個時候停業了。

不過，高達 18 億元的底價加上債權人結構複雜難以處理，導致聯邦銀行拍賣三度流標，最後由桑尼雅公司基於與聯邦銀行之情誼與自身拓展事業版圖的考量，將之租下經營，且付出數千萬元「請」債權人撤櫃，再重新裝潢、規劃，將巴而可忠孝店改以「衣魔市」之名，投入服飾市場，於 1994 年 12 月 29 日開始試賣，

並在 1995 年 1 月 14 日正式開幕。

衣魔市的定位乃平價名牌，除了香港商坤思（JOYCE）的專櫃「D.K.N.Y.」是美國名設計師 Donna Karen 設計之品牌，其他像 Benetton、KOOKAÏ、Closed 等，均屬中價位之進口品牌，而原本巴而可的專櫃，僅留下 20% 繼續設櫃，專櫃的數目更從巴而可時期的 80 家降到 44 家，以大幅增加專櫃的營業面積。

1997 年 2 月 5 日深夜 11 時 20 分，台北市消防局獲報寶慶路遠東百貨旁的新光保險大樓失火了！由於一、二樓的巴而可服飾有不少易燃物，三、四樓又是營業中的「吸引力 KTV」，消防局聞訊便趕緊動員六十幾輛消防車、雲梯車趕赴現場。

原來火勢起於大樓後面的防火巷，濃煙再向樓內、往上竄升，幸好 KTV 業者在發現濃煙後，隨即疏散店內一百多名客人，避免可能的傷亡；後來火勢雖然很快就被消防隊控制住，但因整棟大樓裡充滿了濃煙，消防人員亦不敢大

意，唯恐有人受困火場，遂於凌晨零時十分擊破三樓外牆的廣告看板，進入火場仔細搜索。

這場火災令大樓內的營業場所受損嚴重，使得巴而可服飾僅存的中華店就這樣無預警地結束了營業，也將「巴而可」在此地整整二十年的歷史畫上了句點。

1998 年，新光人壽大股東豐澤集團旗下的豐澤百貨與日本西武百貨旗下的 LOFT 百貨洽談合作，原本打算直接於豐澤當時正在進行招商的「WOWOW 新世紀生活百貨」（前身為國泰百貨）進行合作，但 LOFT 百貨認為該建物太過老舊，無法展現其特色；幾經討論後，新光集團決定將西門圓環東南角這棟在發生火災後便一直閒置著的新光保險大樓給拆除改建，然後從未來新建的大樓展開與 LOFT 百貨的合作關係，並於 1998 年 9 月動工。

沒想到，在新光保險大樓被夷為平地之後，豐澤與 LOFT 的合作案卻因故中止，令計劃中的百貨大樓變成了一場空。於是，這片商業價值

極高的土地，從此在遠東百貨寶慶店旁邊空蕩了 15 年之久。

2010 年 6 月，新光人壽公開標售這塊在西門鬧區閒置多年的土地，當時吸引了 12 組人馬競標，包括富邦建設、全球人壽等企業，最後由皇家季節酒店以總價 18.23 億元得標（每坪 529 萬元）；後於 2012 年 11 月，由中國信託人壽以 36.8 億元跟皇家季節酒店買下，較之前標脫的價格足足漲了一倍（每坪 1,068 萬元），改寫了素地單坪價格最高紀錄；當時中信人壽表示，價格非常合理，將在該處興建總部大樓。

2013 年 5 月底，這塊地總算再度動工了！然而到了 2013 年底，受到購併台灣人壽保策略之影響，中信人壽遂變更了這塊土地的用途，從「自用總部」變成「投資」，並與飯店業者洽談興建契約，成為中信人壽成立以來的首件飯店興建案。

2014 年 6 月，由印象台灣飯店集團向中信人壽

租下這塊地，取得 20 年經營權，並計劃打造「類五星級」飯店，以搶攻西區飯店商機；進駐之飯店由印象台灣飯店集團負責營運，但中信人壽保留大樓冠名權。

2016 年 1 月 1 日，中信金控旗下之中信人壽與台灣人壽完成合併，並以台灣人壽為存續公司。

2017 年 10 月 6 日，這棟位於台北市中正區中華路一段 57 號，定名為「台北寶慶大樓」的地上 14 層、地下 5 層之鋼骨造建築竣工了。

孰料印象台灣飯店集團竟在 2014 年間發生董座涉嫌詐貸情事，並在 2018 年 7 月由台北地檢署偵結且依法起訴，於是其租約遭解除，之後由志嘉建設於 2020 年 1 月 30 日承租台北寶慶大樓 20 年。

然而就在 10 個月後，2020 年 11 月 30 日，志嘉建設即公告表示，因受新冠肺炎疫情影響及考量整體經濟環境不佳，評估該案後續所投入之成本將超出預期，故經雙方協議終止租賃合約。

2021 年 10 月，日本民營鐵路巨擘「相模鐵道集團」宣布，向台灣人壽承租台北寶慶大樓開設名為「相鐵 Grand Fresa 台北西門」之飯店，共規劃 200 間客房與餐廳、健身房、停車場等設施；原訂 2023 年春季開業，後於 2024 年 2 月 2 日正式開幕。

看著巴而可消逝後的轉角地這一路走來，令人不禁感嘆好事多磨啊。

雖然「巴而可」在台灣已成歷史名詞，但它卻是我童年回憶裡極為深刻的一角，我永遠記得小時候和爸媽走過中華路上的長長天橋，直接從二樓進入巴而可廣場，一起吃 99 元的日式小火鍋，最後還會有一碗甜甜的紅豆粥，那幸福滿滿的滋味，至今難忘！

你曾經坐過人力三輪車嗎？

其實台灣最早的人力車只有兩個大輪子，輪子之間有座位，座位上頭有帳篷可遮陽避雨，座位兩側各有一長桿突出於座位前方，供車伕用雙手抓握拉行。這種人力車乃於台灣清領時期自日本傳入，時至日本時代即已成為常見之交通工具；後來，結合腳踏車與人力車的腳踏機械式三輪車，便漸漸取代了拉行式的兩輪人力車。

戰後初期，為生計而奔波幾乎是所有台灣人的生活寫照，而人力三輪車正是當時常見的民營交通工具，由車伕憑藉自己的腳力將乘客送達目的地；當汗水從車伕身上滴落地面時，彷彿一支書寫人生的筆，正沿路留下斑斑的筆跡。

那時候，不少人靠著踩三輪車養家活口，光是台北市就有一萬四千多輛登記在案的營業用三輪車，包括排班營業車八千多輛與流動營業車六千多輛。

此外，還有少數機關和豪門貴族會購置自用三輪車，並且僱用車夫來駕駛；他們的車子通常都擦洗得雪亮，其地位有如今日的高價進口車。然而，三輪車不管看起來再怎麼風光，也還是需要有個人在上頭賣力地踩，才能夠前進。

而三輪車的種類是以不同的顏色來作區分的。

自用車是青色的，後面會噴上「自用」二字，多半是鐵殼的；排班營業車是綠色的，並以分局為單位，在車身噴上組別號碼；流動營業車則是紫色的，噴著「流動」兩個字，統一編號。

顧名思義，流動營業車不用在固定的場所攬客，排班營業車則須停在固定地點候客，並經編組，每一個路口一組，由組長負責管理調派。至於車資，大多是由駕駛與乘客雙方議價而定。

為了避免惡性競爭，排班營業車只能在規定排班的地方攬客上車，因此當乘客抵達目的地下車後，三輪車就必須空車回到排班處。然而，有不少車夫為了增加收入，會在回程中以較便宜的收費招攬順路的客人，此舉引起守規矩者的不滿甚至導致衝突。於是，台北市議會遂針對此亂象制定了三輪車管理辦法，自 1959 年開始取締違規的三輪車。

進入 60 年代後，台灣經濟起飛，隨著生活形態與都市發展的變遷，台北市政府以改善市容與振興觀光為由，於 1968 年 6 月 25 日全面禁止三輪車於台北市區內行駛（其他縣市則陸續跟進），同時收購營業三輪車。

當時，有數百名車夫將三輪車騎到台北市五常街繳車，然後再到北平路的市警局交通科辦理領款手續；包括車輛收購費六千元、自行轉業補助費二千元，以及救濟金四千元，總共可領到新台幣一萬兩千元，但如果是由政府輔導就業者，則只能領到六千元的收購費。

順便一提，當年（1968 年）行政院發布了《基本工資暫行辦法》，將基本工資（月工資）定為 600 元，亦是我國首次以法律規定全國性之最低工資。

於是，在禁行三輪車之後，大多數的三輪車夫受輔導轉業成了計程車司機，而曾經行遍大街小巷的三輪車，就這樣走進了人們的記憶裡。

不過，目前台灣還有一個地方可以搭乘人力三輪車喲！就在高雄的旗津島。

車夫遙指台北車站，告訴車上的客人，您要去的地方就快到了。

早年，與高雄市區隔著高雄港的旗津，島上主要的交通工具就是三輪車，不過自從過港隧道在 1984 年通車後，便利的公車與計程車便很快地取代了三輪車。

1985 年，剛上任的高雄市長蘇南成在旗津三輪車業者的請願下，同意將此項傳統的交通工具保留下來，並將其用途從運輸轉變為觀光，從此觀光三輪車便成了旗津的特色。

現在，旗津島尚有大約十輛的觀光三輪車供遊客搭乘觀光，讓人不僅能體驗慢活的悠閒，還可聽車夫娓娓道來旗津的人文歷史，是今日煩囂塵世之中，難得的一抹幽靜啊！

台北市西門町行人徒步區的歷史，可追溯至 70 年代。

當時，台北市政府為了改善西門鬧區的交通秩序，讓行人在此商業娛樂區域行走購物時不需顧慮交通安全，並藉以活絡商業買賣活動，自 1977 年 1 月 1 日起，正式在西門町設置「行人徒步區」，其範圍為中華路以西、成都路以北、西寧南路以東，與武昌街以南所圍之區域，以及武昌街從昆明街到康定路之間路段；實施時間為每週一至週五的 18 時至 23 時，以及週六、週日與假日的 12 時至 23 時。

在管制的範圍與時間內，禁止任何車輛進入行人徒步區，若是在管制時間外就已進入行人徒步區的車輛，則必須在管制時間開始後的 5 分鐘內自行離去，否則將予以開單處罰甚至拖吊。至於居住在行人徒步區內的商戶，則可憑證明文件，推行腳踏車或機車進入，但禁止騎乘。上述規定由警察機關派警執行。

原本台北市政府認為，若是西門町的行人徒步區試辦情形良好，將依據事實再逐步擴大範圍，或以連鎖方式將幾個徒步區連接在一起，進一步保障行人的交通安全。不過，這個第一版的行人徒步區計劃，才試辦沒幾年便宣告中止了。

進入 80 年代後，台北東區的建設與發展十分迅速，對西門鬧區的商業活動有著不小的影

響；西門町因受地理環境之限制，道路無法拓寬，再加上建築物老舊，難以和東區新式的建築設計與經營方針競爭。

於是，台北市政府工務局都市計劃處（都市發展局前身）於 1984 年著手西門地區細部計劃定期通盤檢討與研究，再次提出了「西門徒步區」的構想；其設置目的係把街道還給行人、舒緩市民休憩的步調、提供大眾化的藝術活動，進而讓市民擁有一個舒適美觀的生活環境，並享受鬧中取靜之樂趣。

1985 年 6 月 8 日下午 2 時，台北市長許水德與台北市議會議長張建邦，在台北市武昌街二段的來來百貨和獅子林新光商業大樓之間的廣場，共同主持「西門徒步區」的揭幕式。當時西門徒步區的規劃，不僅是台北市都市計劃建設的一大突破，也是市民生活品質提昇的具體表現，對於日趨褪色的西門鬧區，更具妙手回春之效！

根據北市府都市計劃處提出之計劃，武昌街二段全段被規劃為公園化的商店街，除了鮮豔與舒適的鋪設外，並在道路兩旁設置具有中國傳統文化風俗意味的座椅、盆栽、街燈與花台；同時，西寧南路從漢口街至成都路間的兩旁人行道，各加寬兩公尺，並予以美化，將整個西門徒步區的鋪面系統、動線系統、活動廣場，相互協調一致，徹底打破人行道與馬路之分隔。

這一版的西門徒步區計劃標榜「將街道還給行人」，主要是針對已實施的行人徒步區範圍，作進一步的規劃與改善。徒步區路段採公車專用道方式，來減少一般車輛搶用車道之情況，以擴大行人的活動空間。而徒步區的管制時間，與 1977 年版本不同的是，假日的管制時間提前至早上 11 時開始。

當時每逢週末，總能見到青少年在廣場熱舞，以及各類藝人在街頭表演，就像是迎接解嚴時刻來臨的序曲。

1988 年，兩位西門町當地飯店與戲院的大老

闊至日本考察，學習到當地商圈的經營模式，決定加強推動西門徒步區的發展，並在吳伯雄市長任內完成規劃。

而北市府為配合擴大行人徒步區範圍，亦在1988至1989年間，將寬度不到兩公尺的漢中街之武昌街至漢口街路段，拓寬為和萬國戲院前的漢中街路段一樣的12.7公尺寬，並予以完整規劃，以促成西門地區之復甦。

終於，在1990年1月13日，第三次的「西門徒步區」正式啟用了！這一回基於70與80年代的行人徒步區計劃，由徒步區內的商家所組成的「西門徒步區管理委員會」，以更具系統的方式管理區內事務，使得購物人潮再度回到了西門町。

但那時的台北市政府只是慣性地把徒步區視同道路及綠地工程，讓西門町空有徒步區的架子，卻無應有的精緻美感，再加上以後勤管理執行能力闕如，以致於徒步區在啟用後僅出現短暫的振興效果，沒過幾年（當時市長為黃大

洲），西門徒步區便再度失去光彩，且欲振乏力！

1996年，台北市政府（當時市長為陳水扁）重返西門徒步區現場，幾經診斷後，決定再度挹注資源，且一改以往粗俗的硬體工程導向，直接淘汰了舊版西門徒步區！並於1998年祭出嶄新的「台北市西門徒步區整體環境更新改善計劃」，包括更新所有的道路舖面與路旁的座椅等公共設施，並引入支援性展演活動設施，以及打造媲美好萊塢星光大道的夜間景觀照明氣氛；北市府同步補強軟體措施，宣示環境建設發展的目標，在於為「人」而存在。

於是，全新的西門徒步區硬體設施於1999年竣工（當時市長為馬英九）；同年12月24日，台北捷運的板橋線龍山寺站至西門站路段與南港線西門站至市政府站路段通車營運，有效地將通勤與觀光人潮帶往西門町，與第三代西門徒步區產生了加乘作用，令西門町重返榮耀，成為觀光客來到台北必逛之處，亦是我平日最愛去的地方。

最後，我的台北拾遺之旅，就要在西門町畫下
休止符了，歡迎隨時到臉書來找我喲！

再會 (^_^) ～

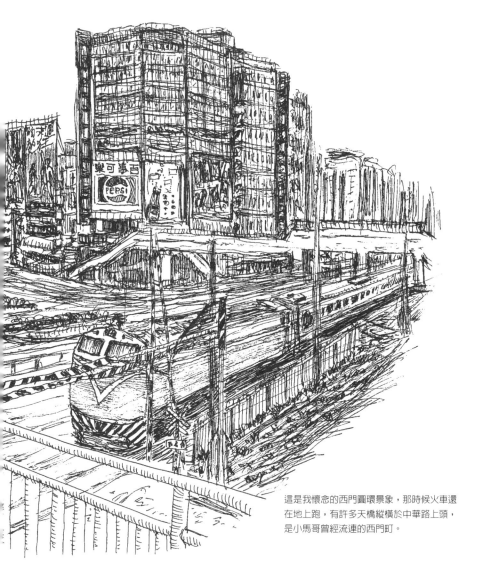

這是我懷念的西門圓環景象，那時候火車還
在地上跑，有許多天橋縱橫於中華路上頭，
是小馬哥曾經流連的西門町。

愛 生 活 0 7 9

台北拾遺 Sweet Taipei
哲生的 41 幀台北印象

作　　者 —— 張哲生
繪　　圖 —— 張哲生
編　　輯 —— 曾敏英
發 行 人 —— 蔡澤蘋
出　　版 —— 健行文化出版事業有限公司
　　　　　　台北市 105 八德路 3 段 12 巷 57 弄 40 號
　　　　　　電話／02-25776564・傳真／02-25789205
　　　　　　郵政劃撥／0112263-4

九歌文學網　www.chiuko.com.tw

排　　版 —— 綠貝殼資訊有限公司
印　　刷 —— 晨捷印製有限公司
法律顧問 —— 龍躍天律師・蕭雄淋律師・董安丹律師
發　　行 —— 九歌出版社有限公司
　　　　　　台北市 105 八德路 3 段 12 巷 57 弄 40 號
　　　　　　電話／02-25776564・傳真／02-25789205
初　　版 —— 2024 年 7 月
定　　價 —— 360 元
書　　號 —— 0207079
Ｉ Ｓ Ｂ Ｎ —— 978-626-7207-73-4
　　　　　　9786267207727（PDF）
　　　　　　9786267207710（EPUB）

國家圖書館出版品預行編目（CIP）資料

台北拾遺 Sweet Taipei：哲生的 41 幀台北印象／張哲生著．繪圖．--
初版．-- 台北市：健行文化出版事業有限公司出版：九歌出版社有
限公司發行，2024.07
208 面；23×16.5 公分．--（愛生活；79）
ISBN 978-626-7207-73-4（平裝）

1. CST：人文地理　2.CST：台北市

733.9/101.4　　　　　　　　　　　　113007432